你的邻居是僵尸吗?

提升思考力的 28 个趣味哲学问题

Is Your Neighbor a Zombie?

Compelling Philosophical Puzzles That Challenge Your Beliefs

图书在版编目（CIP）数据

你的邻居是僵尸吗？：提升思考力的28个趣味哲学问题 /（英）斯坦格鲁姆著；夏红星译. —北京：新华出版社，2015.8

书名原文：Is Your Neighbour a Zombie? Compelling Philosophical Puzzles That Challenge Your Beliefs

ISBN 978-7-5166-1956-8

Ⅰ. ①你… Ⅱ. ①斯… ②夏… Ⅲ. ①哲学—通俗读物 Ⅳ. ①B—49

中国版本图书馆CIP数据核字（2015）第189220号

你的邻居是僵尸吗？

作　　者：[英] 杰里米・斯坦格鲁姆
译　　者：夏红星

出 版 人：张百新　　**选题策划：**黄绪国
责任编辑：段晓红　　**责任校对：**刘保利
责任印制：廖成华　　**封面设计：**图鸦文化

出版发行：新华出版社
地　　址：北京石景山区京原路8号　　**邮　　编：**100040
网　　址：http://www.xinhuapub.com　　http://press.xinhuanet.com
经　　销：新华书店
购书热线：010－63077122　　**中国新闻书店购书热线：**010－63072012

照　　排：图鸦文化
印　　刷：北京京津彩印有限公司

成品尺寸：145mm×210mm　1/32
印　　张：4.5　　**字　　数：**100千字
版　　次：2015年9月第一版　　**印　　次：**2015年9月第一次印刷

书　　号：ISBN 978-7-5166-1956-8
定　　价：32.00元

图书如有印装问题请与出版社联系调换：010-63077101

你的邻居是僵尸吗？

提升思考力的28个趣味哲学问题

[英]杰里米·斯坦格鲁姆
(Jeremy Stangroom)◎著

雷蕾◎译

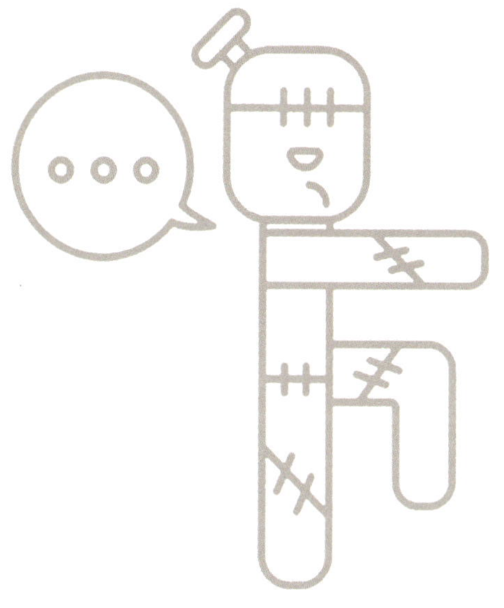

新华出版社

目录

前言

如果你试图创作一本书，该书的主题旨在揭示人们在思考某些问题时容易犯错误的话，那么很有可能会被批为狂妄自大。因此，先承认自己也容易犯此类错误可能比较恰当。当然如果我不是事先便获得了一些相关信息，遇到本书中所列出的种种难题，我也肯定会犯错误，而且是经常性地犯重大错误。

然而，我并非是唯一在这方面存在不足的人，大多数人在这类问题上都会犯错误，我们之中的很多人在面对此类问题时都无法做出正确的判断。因此，本书也提醒我们在估计自己的能力时能够心怀谦逊之心。下面我们将一起探讨一个例子。

假设你是一个国家的元首，你的国家正面临一种致命传染病的威胁。如果你不采取任何措施的话，这种病将夺去600人的生命。你的顶级医学顾问已经准备了两种方案来对抗这种疾病，并且已经对采取每种方案所可能造成的后果进行了预测。假设这些预测都是准确无误的：

实施A方案200人将获救。

实施B方案存在三分之一的可能性可以拯救600人的生命；同时也存在三分之二的可能性600人全部会因此而丧生。

你会选择哪种方案?

现在，设想一下时间已经推进至几年之后，你又陷入了相同的困境。国家正面临一场将会夺走600条生命的传染性疾病的考验，而你则再次面对两种方案的选择决断。

实施 A 方案 400 人将失去生命。

实施 B 方案存在三分之一的可能性所有人都会获救；同时也存在三分之二的可能性 600 人会全部死亡。

这一次，你又会选择哪种方案呢？

这类问题没有一个正确的答案。但是你注意到了其中的玄妙之处了吗？在两种情况下，你所面临的选择都是完全相同的。方案 A 意味着 200 人获救 400 人死亡，方案 B 意味着所有人都会获救的几率为三分之一，而 600 人全部死亡的几率为三分之二。

如果第一次你选择了方案 A，第二次则选择了方案 B，那么虽然你犯了认知上的错误（当然，除非你已经意识到了两次的选择实际上是相同的，仅仅是进行了不同的选择而已），但是你的反应与绝大多数人在这种情形之下的反应是一致的。心理学家丹尼尔·卡尼曼（Daniel Kahneman）以及阿摩司·特沃斯基（Amos Tversky）的研究表明 70% 以上的人在做第一次决定的时候会选择方案 A，但是如果拥有第二次选择的机会，他们通常会选择方案 B。

令人震惊的是，在这一问题上，我们很容易就会被引入歧途。我们通常会认为自己的认知能力不错，并为此而沾沾自喜，但是在上述例子中，很多人的判断会被那些上下文所提供的各种线索所误导，而他们甚至根本没有意识到这些线索的存在。

本书中所提供的难题以及悖论将为你提供大量犯认知错误的机会。如果你感到困惑，请不要着急，因为很多人都会出现同样的状况。希望你在与斯波克先生进行的这场逻辑竞赛中能把握微小的取胜机会。当然，在这个过程中，你也将收获无限乐趣。

1
红色球还是绿色球？
经典逻辑难题与悖论

逻辑学就像是一把剑——那些对其不屑一顾的人必将为其所伤。

——塞缪尔·巴特勒

本章中所列举的难题包括逻辑难题、概率难题以及刁钻的悖论。它们之中的一些非常直接，虽然其中所涉及的逻辑通常让人感觉有点棘手，但是却可以用对或错来进行判断。然而，还有一些难题迄今为止并没有出现为大众所普遍认同的解决方案。在这些情况下，如果你能够找到方法拨云见日，那么就会取得比专业人士更为出色的表现，而那些专业人士都是以思索这类问题为生的。

值得指出的一点是，我们在探讨过程之中不会出现任何具有误导性的措辞。这些难题都是真实存在的，并非是随意捏造、毫无根据的。

红色球还是绿色球?

弗兰克·萨维奇是“湖边恰德莱”第一斯诺克俱乐部的老板，他今天过得可不怎么样。他原本计划在阳光明媚的谢菲尔德进行斯诺克世界锦标赛，结果却遇到了麻烦，这个麻烦涉及一位患有色盲症、搞了个恶作剧的球手以及一些红色的球。

麻烦始自吉姆与朱尔斯之间所进行的一场比赛，两人是当地斯诺克玩家之中竞争最为激烈的对手。当吉姆指责朱尔斯未按照规则去打击红色的球而是击中了一颗绿色的球时，朱尔斯并没有平静地接受这一指责，而是认为吉姆的色盲症在某种程度上会妨碍他做出正确的判断，因此没有资格作为见证人。双方之间的摩擦由此爆发，两人挥舞着球杆，互相咒骂着对方。这场争执闹剧以吉姆生气离开并带走了一些红色的球收场。

不幸的是，弗兰克今晚原本计划举行“经典大恰德莱球杆”斯诺克比赛，结果吉姆带走了一些红球导致弗兰克无法为该比赛提供所需数目的红球，现在他只能寄希望于取得当地另一家设备稍逊一筹、名为“球袋宫殿”的斯诺克场地的帮助了，该场地的老板为丹尼斯·戴维斯。但是戴维斯却并不愿意轻易伸出援手。他告诉弗兰克他只有在机会游戏中获胜才能够取得所需的红球。

现在有两个放着红球和绿球的坛子，弗兰克将随机从中取出一个球。两种颜色的球的分配如下：

	A 号坛子	B 号坛子
球的数目	100	100
红球以及绿球所占的比例	未知，所有的组合都有可能出现	50:50

正如你所见的那样，由于 A 号坛子中红球和绿球数目未知，所有组合方式都有可能出现，因此该坛子中可能一个红球也没有，也可能装着 100 个红球。B 号坛子之中则装着 50 个红球和 50 个绿球。

戴维斯向弗兰克解释说他首先必须在 A 号坛子和 B 号坛子之中做出选择。如果弗兰克能够抽到红色的球，那么就可以获得该球并继续进行下一轮选择（同时坛子中会重新放入一个新的红色球）。如果弗兰克抽到了绿色的球，那么游戏便立即结束，他将失去拿到所需红球的机会而空手离开。

假设弗兰克希望自己能够获得抽到红球的最大机会，那么他应当首选哪个坛子?

答案见本书第 76 页。

电梯发生故障了吗？

“湖边恰德莱”的村民们对于该村庄中新近建成的高层建筑比利布鲁尔大楼感到十分自豪。这座建筑在设计上十分注重节能，并采用了最新的建筑一体化光伏技术，是一个建筑以及工程上的杰作。唯一美中不足的是，这座大楼中的唯一一部电梯好像出了一些故障。

电梯似乎有些不对劲这个结论源自彼得与埃洛伊塞之间的一场争执，两人均为该栋大楼的住户。埃洛伊塞的叔叔雇用彼得作为埃洛伊塞的家庭教师，帮助她准备应对博维理工学院的期末考试。不幸的是，虽然彼得住在与埃洛伊塞家同一栋楼中，但是他每次去给埃洛伊塞上课都会迟到。

对于彼得拖沓不守时的坏毛病，埃洛伊塞表示不满。彼得解释说是大楼的电梯出了问题，每一次电梯总会先将他带往与目的地相反的方向。为了到达埃洛伊塞的公寓，彼得需要乘坐电梯上行。但是每次当他来到电梯旁时，电梯都会先下行，以至于他不得不站在那里等待，直至电梯从底层返回他所在的楼层。

对于埃洛伊塞来说，这是一个十分蹩足的借口，彼得只需要早一点出门就不会迟到。但是，由于她自己也曾经历过类似的问题，因此彼得的一番话使她充满兴趣。在她的印象当中，每次自己要使用电梯下楼时，电梯总会先上行，这意味着她不得不站在那里等待，直至电梯完成上行的任务之后再乘坐其下行去往一楼。

显而易见的是，两人之中有一个人对于电梯故障的判断是不准确的，因此他们决定以一种更为严格的态度来测试自己的观察。但是，让他们吃惊的是，两人的感觉都是准确无误的。如果从彼得所在的楼层乘坐电梯的话，电梯通常会先下行而非上行。但是如果从埃洛伊塞所在的楼层乘坐电梯的话，电梯一般都会先上行至顶楼而非下行。

究竟发生了什么情况呢？是电梯出现故障了吗？或者是还有其他的原因可以用于解释这一奇怪的现象？

答案见本书第 79 页

你的乌鸦是什么颜色的？

业余鸟类学家达维娜·科维斯与比尔·陶布之间发生了一场争论，争论是围绕他们所发现的一只看上去十分普通的鸟所展开的。科维斯坚持说从该鸟细小的嘴巴上可以判断它是一只生活在城区的乌鸦，原产于特拉法尔加地区。而陶布则认为它是一只鸽子，他的理由是这只鸟看起来就像是鸽子，并且所有的乌鸦都是黑色的，而这只鸟却并非黑色。

陶布表明了自己的看法，但是他被科维斯的观点吓了一跳。科维斯认为并非所有的乌鸦都是黑色的，一些乌鸦已经进化并拥有了鸽子的一些特征。她坚持说陶布至少应当提供一些证据来支持自己表面上看起来非常排他的言论。

陶布曾经学习过哲学的入门课程，因此他知道如何提供证据来支持自己的观点，于是他将手伸入口袋掏出了一个红色的苹果，并将这只苹果在科维斯的鼻子下面晃了晃。科维斯对于陶布的这一举动十分不屑，并且嘲弄地说单凭一只红苹果无法说明所有的乌鸦都是黑色的。

一只红苹果的存在是否能够说明所有的乌鸦都是黑色的呢？

答案见本书第 81 页

脑筋急转弯 1

一位凶手被判了死刑，他必须从三间房间之中选择一间来行刑。第一间房子中遍布熊熊燃烧的大火；第二间房间中全是荷枪实弹、蓄势待发的杀手；第三间房间则装满了已经饿了三年的狮子。

对于这名凶手而言，最安全的房子是哪一间？

（解决方案见第 140 页）

脑筋急转弯 2

两位母亲以及两个女儿一起出外购物。她们一共有 21 美元，并且将这笔钱在相互之间进行了平均分配。

这可能吗？

小的快乐的国家就是最好的吗？

假设现在是 2184 年，地球已经被外星人所占领。入侵者们声称他们来自火星，并扬言他们不会对未开化的、嗜血的野蛮地球人造成任何伤害。目前，地球人还是地球的统治者。迄今为止，外星人除了对皇家威尔士矮脚狗之类的理解稍显混乱之外，总体而言还是表现得十分亲切慷慨的。

然而，最近事态似乎开始朝着较为棘手的方向发展。火星人似乎开始担心地球上有太多的国家，因此他们组织了一个官方的委员会来决定哪个国家应当被终结。幸运的是，据可靠消息称，火星人并不会对地球人采取任何强制灭绝的措施。

缩减国家的任务已经接近尾声，现在地球上仅存留有两个国家，每一个国家将派出一名代表来陈述为何自己所在的国家应当继续存在。最终的决定标准取决于两国人民生活质量指数的高低。

来自黄金岛的代表罗纳德·普伦普信心满满地认为自己一定会在今天的竞争中胜出。黄金岛是一个人口较少、极其富裕的国家，并且有充足的研究证据表明该国的人民对自己的生活状况普遍十分满意。与此相反的是，索维提亚是一个人口数量高出黄金岛数倍的国家，包括索维提亚国的国民在内的人们普遍认为该国的生存状况并不尽如人意。

出于上述原因，当普伦普看到索维提亚的代表林德赛·里斯悠闲自在地在那里漫步，甚至还有些志得意满时，心中难免顿生讶异之情。普伦普向里斯追问原因，里斯回答说自己一直在参加由前警察、逍遥

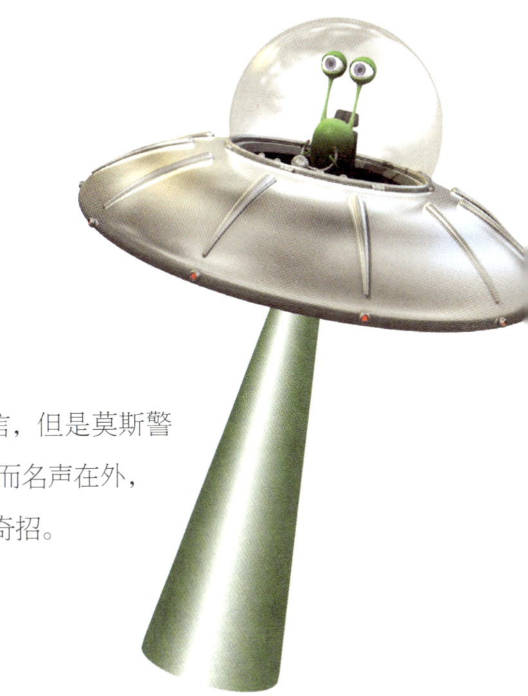

学派哲学家莫斯警长所主讲的课程，因此确信自己能够成功证明无论索维提亚的情况有多么糟糕，也不会比黄金岛差。

对此，普伦普表示不能相信，但是莫斯警长因其将不可能变成可能的能力而名声在外，因此普伦普有点担心里斯会突发奇招。

普伦普的担心有必要吗？林德赛·里斯将如何说明索维提亚的状况不比黄金岛差？

答案见本书第 84 页

理发师为什么要逃走？

以微弱的优势在一场颇具争议的选举中胜出之后，参孙新近被选举为琐拉的市长。城中已经开始有谣言说他仅仅利用一根驴腮骨便击退了大量持有异议的敌人。这听起来似乎有点匪夷所思，但是市民们却认为比起参孙通过其他阴谋方式获得权力的说法而言，这一说法显得更为可信。

这使得参孙倍感焦虑。的确，他拥有相当于几十头狮子的强大力量，但是自从大利拉使用一把剪刀剪掉了他的头发之后，参孙便觉得自己已经失去了大部分的力量，变得名不副实了。因此，他认为自己应当采取措施来确保市民们不会将他轰下台去。民主是很不错的，但是有时候人们容易将事情做过头。

参孙所想到的计划涉及城中唯一的一名理发师。众所周知的是，毛发浓密者往往会更加强壮，就像熊一样，因此参孙决定制定一个条例，命令所有城中的居民都必须将头发剃干净，任何人的脑袋上都不得留有一根头

发（当然，他自己除外）。

他所颁布的法规详情如下：琐拉城内的所有人都必须将头发剃干净。他们可以选择两种方式来执行这项命令：（a）自己动手剃净头发；（b）前往城中的理发师处将头发剃净。为了使理发师的工作不至于太繁忙，任何人都不能够在自己为自己理发的同时又选择接受理发师的服务。

在参孙看来，自己的计划是万无一失的。所有的市民最终都会变成光头，这意味着尽管大利拉耍了破坏手段，参孙仍将是琐拉城中头发最多因而也是最强壮的那个人。他的力量将无人能够挑战。

但是，当参孙听说新法规刚一颁布理发师便乘着夜色的掩护逃离了琐拉城时，他感到十分惊讶。

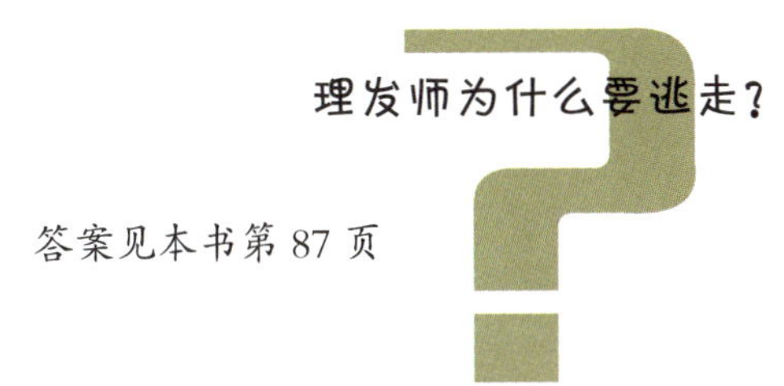

答案见本书第 87 页

有效论证还是无效论证？

原北博维理工学院教授、社会学家亚历克斯·吉本已经被院方解聘。原因是他创立了名为“占领博维——今天占领博维，明天占领世界！”的组织，并且占用了大学的会议厅。吉本的革命热情一如既往地高涨，但是他现在面临一个非常现实的问题：如果想要继续享受每天的卡布奇诺，那么就必须找到一份新的工作。

吉本并不认为找工作这件事情有多么困难，但是他却有点不安地发现《大博维公报》上为激进律师或记者所提供的工作岗位招聘广告数量十分有限。不过，本周他的注意力已经被贝利温坡律师事务所占据了整页篇幅的广告所吸引。

招聘法律助理

一旦您通过下列测试，我们将为您安排面试！

吉本被这则广告深深吸引。虽然他并不认为自己是当助理的材料，但是目前他的确需要一份工作，并且为了获得面试机会所需要通过的测试看起来也并不复杂。该项测试的具体说明如下：

以下有三种论证，请判断它们各自所得出的结论是否是由前提按照逻辑推理所得出的。如果是请回答“是”，如果不是请回答“否”。

	前提	前提	结论
论证一	所有吸食的东西都是对健康有益的	所有的香烟都是吸食的	香烟对健康有益
论证二	所有四条腿的动物都很危险	狮子狗不危险	狮子狗不是四条腿的动物
论证三	所有没有工作的人都是穷人	唐纳德·特朗普并非没有工作的人	唐纳德·特朗普并不是穷人

对于以上三种论证，亚历克斯·吉本应当如何作答才能够确保自己获得面试的机会？

答案见本书第 89 页

“鳄鱼”会怎么做？

罪大恶极的犯罪分子戴夫·邓迪（“鳄鱼”）正在和自己的良心作斗争。他最近开始参加一个在线伦理课程的学习，结果发现包括将胖人扔下桥在内的他最喜欢的一些兴趣活动都被认为是不正确的行为，该课程所给出的理由是“康德思考”。与此同时，他还了解到将自己的幸福建立在他人的痛苦之上也是不对的。由于“鳄鱼”的整个事业都是建立在给他人造成痛苦的基础之上的，因此这一发现让他倍受打击。他目前面临着一个十分紧急的问题，那就是如何妥善处理他最近所进行的一笔买卖。

“鳄鱼”已经绑架了当地磁铁大亨罗纳德·普伦普的女儿，他的计划是让女孩的家人支付赎金来赎人。但是现在他心中十分矛盾，一方面，他喜欢钱、极速飞车以及波斯猫；另一方面，他又担心“康德问题”。经过一番思考以及查阅自己的课程笔记之后，“鳄鱼”制订出了一项计划。

他给普伦普打电话，向其开出了以下条件：如果普伦普能够正确地预测“鳄鱼”是否会将女儿归还给自己，那么他的女儿将会毫发无损地回到他的身边，并且不用缴纳任何赎金；如果普伦普做出了错误的预测，那么他就必须支付赎金将女儿赎回。

普伦普应当给出何种预测？“鳄鱼”将做出何种回应？

答案见本书第91页

脑筋急转弯 3

在不使用星期一、星期二、星期三、星期四、星期五、星期六以及星期天这些词汇的前提下说出连续的三天。

这三天是哪三天？

（解决方案见第 140 页）

脑筋急转弯 4

如果 AHED 对应 THA，那么 DAHN 对应什么？

（a）PCREE （b）DLAER （c）VOLGE

（d）BEREN （e）SORAL

机器人们面临什么问题？

最近发生了一件事情，这件事情使 100 名将未来世界当成自己家的机器人感到越来越郁闷。当地有一家名叫艾尔桑塔的酒吧，机器人们想要在每个星期四的晚上去这家酒吧聚会，但是却没能如愿以偿地享受欢聚时光。这家只对机器人开放的酒吧面积并不大，这意味着如果 60 名或更多的机器人同时出现在此的话，那么酒吧将过于拥挤。但是如果仅有不到 60 名机器人同时出现在酒吧的话，大家便可以开派对，尽情享受美好时光，并设想如果自己不是对酒精有着免疫能力的机器人的话可能会喝到酩酊大醉的那种状况。

周四晚上也是“发电站”主题之夜，该晚所出现的问题是要么所有的机器人同时出现，要么一个机器人也不出现。机器人们似乎无法认识到所有人同时做一件事情未必是好事。

艾尔桑塔的主人认为事情不能再像这样继续发展下去了，因此他找来了当地的机器人专家鲁尼·桑，想看看他是否能够帮助解决这一难题。桑很快便发现了机器人行为中所存在的似乎与此事有关的两个事实。

1. 机器人身上所安装的程序使得他们相互之间无法就拜访酒吧的日期展开讨论（在小型核爆炸结束了事先安排的酒吧大混战之后，技术人员引入了一种新的安全功能）；
2. 机器人在完全相同的时间点决定是否在周四的晚上去酒吧。

基于上述两个事实，桑能够推断出为什么机器人会有前述的特异行为。当他向艾尔桑塔的主人解释自己的发现时，也指出如果想要改变机器人的行为的话，将需要解决一些小问题。

对于机器人们的行为，鲁尼·桑做出了何种推测？

答案见本书第 93 页

· 你的邻居是僵尸吗？ · 你能为不可避免的事情负责吗？ · 汤姆 · 皮尔斯还是汤姆 · 皮尔斯吗？ · 我的潜力何在？ · 谁来承受折磨？

2
你的邻居是僵尸吗？
与个人身份有关的问题

> 人是轻信的动物，必须得相信点什么。如果这种信仰没有什么好的依据，糟糕的依据也能对付。
>
> ——伯兰特 · 罗素

查尔斯 · 鲍恩，一名19世纪的法律界人士，曾经将形而上学者描述成是“一间关在黑房子里找寻一只并不存在的黑猫的瞎子。”同样的，杰出的启蒙思想家伏尔泰也对形而上学作了如下描述：

> 当听的人不懂，而说的人也不懂时，就是形而上学。

因此，当形而上学（从广义上来讲是指研究终极现实）带来了逻辑以及哲学上的难题时，我们不应感到意外。本章将给出五个此类难题，探讨与自由意志与决定论相关的问题、个人身份本质的问题以及他心问题。对于这些问题我们无法轻易得出答案，本章中列出的难题所凸显的问题组成了即将进行的探讨的一部分。

你的邻居是僵尸吗？

约尔格·罗梅罗正面临一个令人困惑的问题。他最近刚刚搬到加利福尼亚州的森尼维尔市，但是他的新邻居们似乎认为他是一具僵尸。这些邻居是一群自称为捉鬼人的奇怪分子。从外表上看来，约尔格看起来并不像是一具僵尸，他的行为也无法使人将其与僵尸联系起来，但是不管怎样，这些邻居们还是认定他是僵尸。这让约尔格感到十分烦恼，因为有传言说约尔格的邻居们会在夜幕降临后将大块的木头插到他们所谓的僵尸身上。

约尔格安排与自己那些致力于捉鬼的邻居们进行了一次会面，向他们解释自己并非僵尸而是来自宾夕法尼亚州乡下的一名退休房地产经纪人这一事实。这次会面结果并不理想，因为邻居们认为僵尸也可能会通过买卖房屋来谋取生计。

捉鬼猎人们解释说僵尸与人类在外表上看起来并没有什么不同。如果你检查僵尸的大脑，便会发现它们也会有那些赋予人类理智并帮助他们做出各种决定的所有结构以及功能。僵尸的行为能力与人类也完全相同，人类以家庭的形式生存在世界上，他们会上班、进行体育运动以及观看电视节目，僵尸们也如此。如果你刺伤一具僵尸的话，它也会因为疼痛而尖叫出声。如果一具僵尸的妻子去世了，那么它也会表现出悲痛之情。从各方面来讲，僵尸与人类基本上是相同的。

但是，僵尸与人类之间存在着一个关键的不同之处：僵尸的内心已经死去。它们看起来似乎具有相关经验，能够感受到快乐和痛苦，并且它们也表现得如此，但是事实上它们内心已死，上述一切都只不过是假象而已。

言谈至此，捉鬼猎人们说他们已经收到了森尼维尔当地僵尸专家以及学校图书管理员的报告，报告声称约尔格的确是一具僵尸。但是，在杀死他之前，猎人们给了约尔格一次证明自己并非僵尸的机会。

约尔格怎样才能使邻居们相信自己拥有人类的思想意识呢？

答案见本书第 95 页

你能为不可避免的事情负责吗？

“大金牙”约翰·边沁是一名邪恶的天才，虽然最近刚刚逃离了警方的看管，但是他已经成功地完成了另一项卑鄙的计划。这项计划与刺杀邦尼·艾莫的行动相关，邦尼·艾莫是激进动物保护组织“释放所有动物”的领袖。“大金牙”非常讨厌任何四条腿的东西，但是由于他最近官司缠身，因此并不想直接涉入此事，于是便采取了以下的迂回措施：

首先，他绑架了负责此次刺杀任务的杀手鲍里斯·亨廷顿，然后在其大脑中植入了一块微型芯片，如此一来他便可以随时监视以及控制亨廷顿的行为了。

然后，他将亨廷顿脑中有关这次绑架以及手术的记忆抹去，使其回归到正常的环境之中，这样刺杀计划便可以照常进行。

最后，他使用了一种富含尖端科技的电脑程序来追踪亨廷顿的意念想法。如果亨廷顿表现出任何不想执行刺杀计划的意向，“大金牙”便会激活其大脑中的芯片，以确保亨廷顿将该项刺杀计划继续进行到底。

最终的结果是亨廷顿对自己的任务并没有表现出任何疑虑，按照计划完成了对邦

尼·艾莫的刺杀。整个过程中，“大金牙”并没有左右他的想法和行为。

以下是一些关于这一事件的事实：

1. 刺杀邦尼·艾莫在道德上是错误的；
2. 鲍里斯·亨廷顿刺杀艾莫完全是出于自己的意愿，大脑中的芯片并没有对他产生任何影响；
3. 不管怎样，亨廷顿最终都会刺杀掉艾莫，如果他自己在执行任务过程中产生了动摇，那么“大金牙”也会激活芯片促使他继续完成任务。

鲍里斯·亨廷顿是否应当对邦尼·艾莫的死承担道义上的责任？

答案见本书第 97 页

汤姆·皮尔斯还是汤姆·皮尔斯吗？

现在是 23 世纪，旅行方式已经从本质上发生了变化。一位名叫汤姆·皮尔斯的人今天计划前往博维，他所需要做的仅仅是进入一部远距离传送装置，按下几个按钮，几秒钟之后，他便会出现在位于博维的复制站。具体过程如下：

首先，汤姆·皮尔斯会进入一个扫描仪，这台扫描仪将记录他身体中每个分子的准确状态；随后，他的身体将被毁掉，位于博维的一台基因复制仪器将接收到这一数据并创造出与汤姆原来身体完全相同的一具新身体。走出复制仪器的那个人将拥有与汤姆·皮尔斯完全相同的思维和外貌，并且坚信自己就是汤姆·皮尔斯。他将认为自己刚刚不过就是在远距离传送装置里睡着了一会儿，然后醒过来之后就出现在基因复制仪里了。

大多数人都乐于接受这种远距离传送技术，但是有一部分人却对这一技术持有排斥态度，因为他们认为这种技术不安全。他们相信一旦远距离传送装置毁坏了一个人的身体，那么这个人实际上就已经死亡了，而在传送装置另一端出现的人是另一个人，那个人仅仅只是一个可怕的复制品。

汤姆·皮尔斯对于这种说法不屑一顾。他已经通过远距离传送装置完成过多次旅行，迄今为止什么麻烦也没遇上。

汤姆·皮尔斯完成前往博维的旅行后还是汤姆·皮尔斯吗？

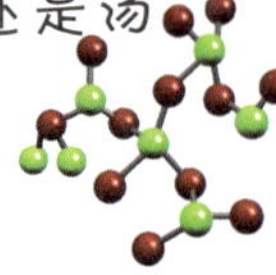

答案见本书第 99 页

脑筋急转弯 5

在一个普通的晚上，泰德和爱丽丝正一起坐在他们家的客厅里。泰德正在播放光碟欣赏影片，而爱丽丝则正在阅读一本名为《时间旅行者的妻子》的书籍。突然，整座房子毫无理由地停电了。泰德郁闷地骂了几句，然后决定上床睡觉。在没有使用任何人造光源的情况下，爱丽丝被一片漆黑所包围，但是她却继续阅读着自己的书籍。

爱丽丝是怎样在黑暗中阅读书籍的呢？

（解决方案见第 140 页）

脑筋急转弯 6

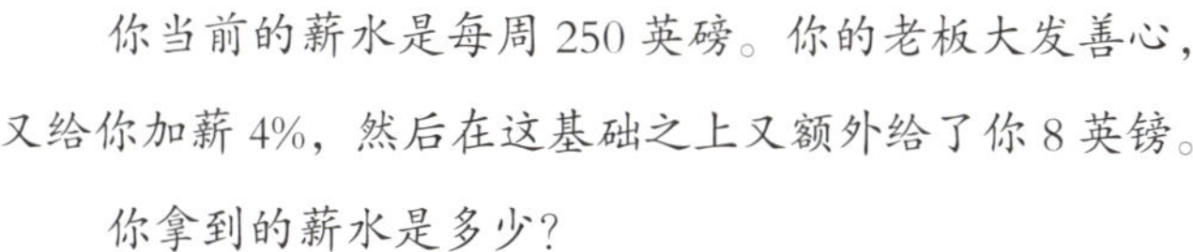

你当前的薪水是每周 250 英磅。你的老板大发善心，又给你加薪 4%，然后在这基础之上又额外给了你 8 英镑。

你拿到的薪水是多少？

我的潜力何在？

时间退回到 1970 年，“月之子”大卫·布瑞德正面临着一个两难困境。他极度想成为一名父亲，但是迄今为止他都不愿意与异性发生性关系，理由是不想脱下自己最心爱的长袍。因此，他前往公民建议局寻求一些生活方面的辅导。

公民建议局所提供的建议非常简单：

顾问：“月之子”，如果你与一些女性发生性关系的话，至少有机会成为一名父亲，但是如果你选择回避，那么就永远不会拥有自己的孩子。你必须表现得主动点，也就是说，使自己融入这场游戏之中。当然这些建议是针对你想成为一名父亲的想法而言的。如果你并不想成为一名父亲，也可以选择一处静修之地度过余生，例如终生在喜马拉雅山放牧羊群。

“月之子”似乎认为选择与异性过性生活更为明智。在接下来的 40 年间，他尽可能多地与不同的女性进行性交，所交往过的女性数目多得如同自己脸上乱糟糟的毛发一般不可计数。

但是，幸运之神并没有眷顾他，多年之后他还是没能够成为一名父亲，于是他气冲冲地再次前往公民建议局寻求一个说法。命运总会让人的生命中出现一些奇怪的巧合，这次公民建议局负责接待他的人竟然恰好是多年以前为他提供建议的那位顾问（顾问一般是一项福利工作）。现在已经自称为“冰月”的“月之子”开门见山地表达了自己的不满之情。

“冰月”：嗨，你曾说过我有潜力成为一名父亲。按照你的建议，我浪费了 40 年的光阴与不同的女性不断地努力着，可是还是未能成为一名父亲。事实证明我并没有成为父亲的潜力！

对于“冰月”而言，下面所罗列的一些信息是真实的：他并非患有不育之症；他的确曾经与数不清的女性发生过性关系；通常并没有采取任何避孕措施；他一直未能成为父亲。

答案见本书第 101 页

谁来承受折磨？

卡珊卓拉·赫奇斯以及苏珊娜·米尔斯休学一年，她们俩终日流连在“大亚马逊盆地”的网吧之中。不幸的是，保护南美洲的土著民族超出预想地花费了两人大量的金钱，她们手里的钱已经用完了。于是，两个女孩急切地希望改变身无分文的状况。一天，她们无意中看到了一则广告，该广告声称只要应聘者愿意参加一项医学实验，那么便可以保证其获得丰厚的报酬。但是问题是，这并不是一项普通的医学实验。

大卫·杰瑞德是玛士撒拉实验室的一名技术员，他向卡珊卓拉以及苏珊娜解释说他和他的同事正在开发一项新技术，这项新技术将使一个人的大脑中所包含的内容转移到另一个人的大脑之中去。两个女孩不顾后果地与实验室签署了协议，她们被告知必须遵从以下的实验流程：

首先，卡珊卓拉的思想、记忆以及性情将被从自己的大脑之中萃取出来，然后实验人员会将她的大脑清理干净，这意味着卡珊卓拉的大脑中之前所储存的一切信息都将被抹去。与此同时，苏珊娜的大脑也将接受相同的处理。

接下来，卡珊卓拉的思想、记忆以及性情将被移植到之前装有苏珊娜的思想、记忆以及性情的大脑之中去（这个大脑仍然长在苏珊娜进行手术之前的身体上）；而苏珊娜的思想、记忆以及性情则将被移植到之前装有卡珊卓拉的思想、记忆以及性情的大脑之中去。

至此，实验将会进入残忍的一面。大卫解释说为了弄清两个大脑在进行上述手术之后是否仍然能够正常感受喜怒哀乐，两个女孩中的一位将会收到100万美元的报酬，而另一位女孩则将一无所得。大卫告诉卡珊卓拉她获得了选择权，将决定谁接受报酬，谁承受一无所得的痛苦。

假设必须有一个人承受痛苦，而卡珊卓拉又不想那个人是自己的话（假设她准备自私一次，做出对自己最有利的选择），那么她必须在由苏珊娜的思想、记忆以及性情的大脑以及自己的躯体所组成的主体（简称为“身体－公民A”）以及由拥有自己的思想、记忆以及性情的大脑以及苏珊娜的躯体所组成的主体之间做出选择（简称为“身体－公民B”）。

卡珊卓拉应当选择谁来承受折磨？

答案见本书第103页

·如果蒙提也不知道，那该怎么办？ ·电车应该从胖子身上轧过去吗？ ·宙斯是无所不能的吗？ ·吃人一定是不对的吗？

3
如果蒙提也不知道，那该怎么办？
经典难题与思想实验

从一位思想家头脑中拿去悖论思想，他就仅等同于一个教授了。

——索伦·奥贝·克尔凯郭尔

有很多悖论和难题被视为是经典，例如电车难题、齐诺悖论、蒙提·霍尔悖论，以及囚徒困境等。

本章一共收入了四个经典难题。其中蒙提·霍尔悖论以及电车难题是对经典原版的翻新；另外两个经典难题并未进行翻新，作者只是变换了描述方式，使它们更生动易懂。

本章的难题中有一些是可以找到正确答案的，或许这个消息会让你精神为之一振。但是你也必须注意到，蒙提·霍尔难题的翻新版本非常棘手，因此如果在阅读过程之中你觉得很吃力的话，大可不必放在心上。

如果蒙提也不知道，那该怎么办？

威廉·卡普拉简直不敢相信自己的运气。他曾经应邀参加过一期名为《法拉利还是山羊？》的热门游戏节目，那次他有幸获得了一只长了点虱子的山羊。这一次，节目组竟然又向他抛出了橄榄枝，邀请他再次参加。该游戏形式如下：

在节目录制现场，参与者会看见三扇关闭的门，其中一扇门后面藏着一辆崭新的法拉利轿车，选中这扇门便可赢得该汽车；而另外两扇门后面则分别藏着一只山羊。山羊和法拉利所处的位置是随机安排的，威廉必须选出一扇门，然后节目主持人蒙提·霍尔在威廉所选定的门尚未开启之前去开启剩下两扇门中的一扇，照理这扇门后会露出一只山羊。此时，极端渴望赢得法拉利的威廉必须做出决定：是坚持自己原来的选择，还是重新选择另一扇仍然关闭的门。

威廉觉得自信满满，因为他知道在这个游戏之中，正确的策略是变换自己的选择。在他看来，变换选择之后还不能够赢得那辆法拉利只会在一种情况之下发生，那便是他第一次就已经选中了背后藏有法拉利的那扇门。而在该游戏场景下，选到背后藏有轿车的几率为三分之一，因此如果他改变自己的选择，那么将会有三分之一的可能无法赢得大奖。毫无疑问这意味着如果他改变选择的话，那么有三分之二的几率会赢得大奖，如此说来，他应当变换自己的选择。

这次节目一开始就发生了让人大跌眼镜的事情。威廉选择了 1 号门，随后，意外便发生了。当蒙提·霍尔去开门时（他的本意是想要向观众展示门后的山羊），不小心踩到山羊的排泄物摔了一跤，结果

无意中撞开了3号门……门后露出了一只受到惊吓的山羊。这仅仅是一种运气而已：蒙蒂无法控制自己摔倒的方向，撞开3号门纯属意外，就像他也有可能撞开2号门一样。

蒙提定了定神，并且安抚了受惊的山羊，他明白节目必须继续进行下去。但是现在，事情已经发生了微妙的变化。蒙提展示了3号门后面的那只羊纯属无意，因此威廉还有必要改变自己的选择吗？蒙提无意中所带来的改变是否会对威廉之前的计划造成影响呢？

答案见本书第105页

电车应该从胖子身上轧过去吗?

佩西·伯恩斯估计是世界上最不走运的火车司机了。他正在努力地控制自己所驾驶的电车“快速布洛克”，通过推特他得知这辆电车再次出现了设计故障，在到达下一站之前，他不能够使用电车的刹车系统，否则电车将会爆炸，车上的 500 名乘客也将因此而丧生。这种事情以前也曾发生过，不同的是以往发生类似情况时，在电车所在位置与下一站之间的轨道上有五个被困的人。如果想要保证那五个人的安全，佩西·伯恩斯的唯一选择便是按下一个按钮，使电车从主轨道转至岔道上。可是不幸的是，当电车转入岔道行驶时，会将一名被牢牢困在铁轨之上的人碾压致死。那个人是由于夜间所发生的一起事故而被困在铁轨之上的。

正当佩西觉得自己很幸运不必再次面对上次的那种矛盾境地之时，民用波段无线电台告诉他将再次面对铁轨上有被困人员的尴尬境况。佩西忍不住咒骂着，觉得自己已经陷入了某种荒谬的怪圈之中。在不得已的情况下，他询问着相关情况的详情。

他被告知除了一些细微的不同之处以外，情形基本上与上一次相同。如果他想绕开被困在循环轨道上的五个人，那么就不得不改变行驶方向进入岔道，但是该岔道与主循环轨道是相互连接的，这意味着电车仍将被送回驶向五个被困人员的轨道之上。讽刺的是，在这种循环轨道的情形之下，电车在到达那五个人所在位置之前将首先到达电车站，但是按照其现有的速度和动力，即使佩西在到达电车站时立刻踩下刹车，电车也会因为惯性向前行驶一段距离，从而从那五个人身上碾压而过。

此外，这次尚且存在一个新的情况。该路段发生了另一起晚间事故，一位非常胖的人被困在了岔道铁轨之上。由于其体重很重，因此一旦电车撞击到他身上，则车速将会有效减慢，这样一来，当佩西到达车站时，只要踩下刹车，便可避免从另外五个被困在主轨道上的人身上碾压过去。

佩西是否应该按下按钮，使电车转上岔道行驶呢？

答案见本书第 108 页

宙斯是无所不能的吗？

宙斯是奥林匹斯山的众神之首，最近他感觉到有些烦闷。他的妻子赫拉自从阅读了贝蒂·弗里丹的《女性的奥秘》之后便发生了一些改变，她变得喜欢在外流连，并且似乎与宙斯有着意大利血统的同父异母的哥哥涅普顿有染。赫拉甚至还拒绝为宙斯熨烫衬衣。

最糟糕的是，赫拉开始质疑宙斯的万能权威。宙斯一直吹嘘自己无所不能，开玩笑说他愿意为赫拉搬动任何山脉。但是赫拉却问宙斯是否能够创造出一座他自己也无法搬动的山。

宙斯咆哮着说他不明白为什么有人会想要做这种愚蠢的事情。但是赫拉却在那里得意洋洋地笑着，又问宙斯是否能够创造出一把他自己也无法打开的锁。对于妻子的质疑，宙斯并未予以理会，扬长而去。但是事实上，他也不确定自己是否能够完成妻子所说的那些事情，而在这之前，他还没有意识到自己的权力也存在着局限。

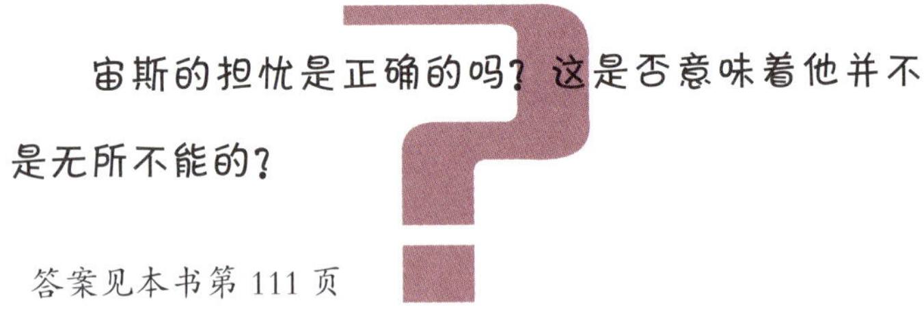

宙斯的担忧是正确的吗？这是否意味着他并不是无所不能的？

答案见本书第 111 页

脑筋急转弯 7

大卫、苏珊、杰克以及吉尔合租了一套学生宿舍。一天晚上，大卫和苏珊出门看电影，一起在外度过了一段欢乐时光。但是当他们回来时，却意外地发现杰克死在了一滩水中，四周散落了一地的碎玻璃。

很明显吉尔杀死了杰克，但是她却并没有因此而遭到起诉或是受到严重惩罚。这是为什么呢？

（解决方案见第 140 页）

脑筋急转弯 8

一辆汽车在下午 6:20 时离开了多伦多市，于晚上 10:05 时分抵达了 180 英里之外的底特律市。

请问这辆车平均每小时的车速是多少？

吃人一定是不对的吗？

现在回想起来，柯利达美食俱乐部选择洞穴探险作为团队建设活动项目也许并不是明智之举。在林堡峡谷入口处，探险队一行人愉快地享用了丰盛的奶酪午宴。大家之间还展开了有关石钟乳与石笋优缺点的辩论。虽然辩论很激烈，但是却并没有影响整个团队进入希尔藤卡斯洞穴时的高昂精神。然而，当一场山崩使团队中的五名成员陷入与外界隔绝的困境之中时，大家都变得沮丧萎靡起来。

时至今日已经过去 30 天了，从洞穴之中传来了一些十分令人不安的消息（消息是通过一个特别安装的移动通讯系统传出来的）。显然，一位名叫朗尼・富勒的人被同伴杀害之后吃掉了，朗尼・富勒是五名被困成员之中的一名。人们听闻这则消息并没有感到十分意外，最近已经有消息称五名被困者因为没有足够的食物，所以几乎不可能撑到救援队救援成功之时。五人一直在询问如果他们吃掉自己的一个同伴，是否生存的机会就会增加，位于地面之上的医疗队起先一直不愿意回答这个问题，但是最终还是肯定了他们的想法。

富勒自己带头提议实施吃掉一位同伴的计划，然后五个人同意以抽签的方式来决定应当杀掉谁当作食物。在抽签之前，富勒又改变了主意，说他想多等一会再决定。但是，其他的四个人则无视他的想法，派人代表他进行了抽签（他们征得了富勒的同意，抽签至少是公平的）。富勒不幸被抽中，随后同伴杀掉了他并分食了他的肉。

现在，困扰几位幸存者的问题是获救之后他们会不会被视为杀人犯而受到法律的制裁。

法律明文规定："如果有人随意伤害他人生命，就将被处以死刑。"然而，不可否认的是，如果这四位被困者没有吃掉富勒的话，那么他们极有可能全部都会饿死。如果他们有机会获救，但是获救之后又因为之前为了生存而采取的行动被处以死刑，那么事情就倍显荒谬了。然而上述的所有事实都无可争辩。

请问根据此处所罗列的事实，四位受困者是否应当按照杀人罪论处？

答案见本书第 113 页

·罗伯斯洞穴里会发生什么？ ·智人是高贵的野蛮人吗？ ·是否会有人伸出援助之手？ ·彼得的预测正确吗？ ·外表真的不重要吗？ ·我们到底有多顺从？ ·利兹该如何选择？

4

我们到底有多顺从？

关于社会和群体行为的问题

当一百个人挤在一起的时候，每个人都会失去自己的理性，并取得某种别的理性。

——弗里德里希·尼采

与前面几章相比，本章将发生一些新的变化。读者不用再去分析一些逻辑难题或是进行违反直觉的思维实验，而是需要对一些特定情形之下人们可能会有的反应进行判断。

杰出的社会心理学家所罗门·阿希（Soloman Asch）、穆扎费尔·谢里夫（Muzafer Sherif）、斯坦利·米尔格拉姆（Stanley Milgram）、亨利·塔杰菲尔（Henri Tajfel）以及艾略特·阿伦森（Elliot Aronson）的著作让我们受益匪浅，在很大程度上帮助我们认清了人类在特定的环境之下所可能做出的选择和行为。但是你自认为掌握的人类心理方面的知识是否与真实情况一致呢？

这里要注意一点，人类心理非常复杂，社会心理学是一门年轻的科学，所以有关结论是带有实验性的。但是，本章的表述并不会体现这种实验性，因为这样会更具有趣味性。

罗伯斯洞穴里会发生什么？

比尔·西尔弗曼是罗伯斯洞穴国家公园娱乐活动部门的主管，目前他正面临着一个难题。在过去的 15 年中，该公园一直都为一个童子军夏令营提供活动场所，该夏令营采取了以下形式：

- 通常总人数为 20 左右的男孩子被随机分为两组。
- 在第一周里，两组成员先是单独行动，然后会安排时间开展团队活动，例如搭帐篷、唱歌以及动手制作童子军领带皮环等。
- 第二周开始时，两组成员之间会进行一次友好的比赛。
- 这场比赛涉及一系列的体育活动；此外，帐篷搭得最原始古朴、能够演唱出最动听的 Kumbaya 的那一组将会获得鼓励加分。诸如此类，不一而足。

在过去，这种夏令营一直进行得很顺利，男孩子们都很珍惜大家在一起相处的时光，同时也很享受比赛，各批营员一贯保持着友好团结的气氛。因此，在过去的 15 年中，这一直是一项非常成功的年度盛事。

然而，今年事情却发生了一些变化。往年，孩子们在来营地之前便已经认识彼此，因此两组成员之间虽然处于竞争状态，但是他们却仍然感觉大家是一个大集体；而今年，事情则没有这么简单，西尔弗曼已经接到通知说这批参加夏令营的孩子彼此之间并不相识。

这一消息让西尔弗曼深感忧虑，他曾多次阅读小说《蝇王》，认

为一群野蛮的年轻人聚到一起不会有什么好事情发生。不过，有消息称这群孩子并不野蛮，都来自富裕家庭，具有良好的教养，学习成绩也都还不错，这多多少少让西尔弗曼感到些许安慰。但是即便如此，他的眼前还是不禁浮现出男孩子们用海螺壳互相猛击对方脑袋的场景。

西尔弗曼的担忧有必要吗？一方面，我们已经确切地知道以往当两个处于竞争状态的小组的成员彼此认识时，夏令营活动一向都进行得非常顺利。而另一方面，我们同样也知道竞争和比赛可能会导致敌意和战争。

这一次参加夏令营的孩子们事先并不相识，这一事实是否意味着童子军营地会陷入混乱无序状态？

答案见本书第 116 页

智人是高贵的野蛮人吗？

亚历克斯·吉本是一位社会学家、马克思主义者，与此同时他还是一名咖啡培训师。一周前，他在“卡布其诺小屋”咖啡馆找到了一份工作。上班不过短短几天，他却已然深陷麻烦。为了提高来咖啡屋的顾客的政治觉悟，吉本不断地向他们分发自己所印刷的名为《重建乌托邦：资本主义和冲突的种子》的宣传小册子。不幸的是，“卡布奇诺小屋”的店主卡尔·霍伯并不赞同这本小册子中所宣传的内容。他认为吉本所主张的造成人与人之间对立的仅仅是物质上的不平等这个观点实在是太过天真。

根据吉本的说法，人类本质上是向善的、爱好和平的、愿意合作的，只是阶级社会扭曲人性使得人们对立起来。光荣的共产主义革命即将来临，它即将为人类迎来人性的回归，到那时，人与人之间将不再有冲突和不和。

霍伯忍不住用咖啡滤壶敲了吉本一下，争论说托马斯·霍布斯（Thomas Hobbes）是对的，人们将世界划分成正义的和非正义的，将暴力加诸于彼此身上，这些行为不需要找任何借口。

到底谁的观点正确？

答案见本书第 119 页

脑筋急转弯 9

所有的哺乳动物都终将一死。女人也终将一死。因此，女人是哺乳动物。

这一推论是有效的吗？如果前提是正确的，结论是否就一定正确呢？

（解决方案见第 141 页）

脑筋急转弯 10

以上两条直线中，哪一条更长（不包括箭头）？

是否会有人伸出援助之手？

著名的赏金猎手“金发姑娘”正在执行一项任务，她要找出臭名昭著的“三只熊”团伙。“三只熊”一直在不停地恐吓蒙大拿州的麦片粥制造商。以下是“金发姑娘”所掌握的所有关于“三只熊”的信息：该团伙有三名成员，根据目击者的说法，这三名成员包括一头公熊、一头母熊以及一个让人讨厌的熊崽子；据称该团伙目前正藏身于国家冰川公园的丛林里。

这样一来，我们不难理解“金发姑娘”当下所面临的令人担忧的困境。她正位于国家冰川公园里一个偏僻的荒无人烟的地方，孤身一人待在一顶帐篷内；并且，她还听见了奇怪的声音。“金发姑娘”并不清楚这种声音是从何而来的，但是她感觉发出这一声音的东西肯定体积庞大、浑身长毛。到目前为止，她已经听见了窸窸窣窣的声音，偶尔还会听到喷鼻声，还曾隐约听见过玉米片盒子被吞食下肚的声音。

“金发姑娘”想起了小红帽的命运，不想被吞下肚，因此思量着是否要高声呼救。幸运的是，她将自己的帐篷搭在一个指定的野营

区域，因此周围并不缺乏其他露营者。但是，“金发姑娘”并不确定这些人听见自己的求救声之后是否愿意伸出援助之手。她依稀记得在纽约市曾经发生过的一件事情：一个年轻的女子被人刺伤致死，当时有几十人围观，却并没有人伸出援手。

以下是“金发姑娘”心里的考虑：

- 如果她大声呼叫，那么很有可能会引起帐篷外面那个制造噪音的家伙的注意。
- 为了控制风险，使求救发挥应有的功效，她必须十分确定周围的其他人听到自己的呼救声之后会前来帮助自己。
- 她知道自己的呼叫声肯定有人能够听见，但是却不确定这些人是否会赶来伸出援助之手。

在这种情况之下，“金发姑娘”应当怎样做？人们听见她的求救声之后会赶来提供援助吗？

答案见本书第 121 页

彼得的预测正确吗？

彼得·坎贝尔一直都为自己某些方面的能力感到自豪，其中包括判断他人对特定事件以及现象所可能发生的反应。当他的朋友坚持说只有疯子才会欣赏杰德沃德兄弟时，彼得始终坚信这对双胞胎必将获得成功；当很多人认为毛毯袍仅仅只是一种可有可无的睡衣时，彼得从一开始便知道这种袍子定会风靡一时。

因此，当一份看起来特别适合他的工作出现时，彼得感到非常兴奋。如果获得这个工作机会，他将在一个名为“拒绝动物皮毛”的动物权利激进组织里担任总顾问一职。不幸的是，“拒绝动物皮毛”人力资源总监拉宾·艾莫告诉彼得他必须成功完成一项测试，否则将无法获得该职位。

以下是该项测试的具体内容。A 组和 B 组各拥有 20 名组员，每组都被要求对一位名叫扎克·科因的人做出评价，评价将基于事先给出的与扎克·科因相关的六个形容词来进行。彼得的工作是预测 A 组和 B 组将分别给出何种判断，尤其是预测两组将对扎克·科因持肯定态度还是否定态度。

A 组

聪明——勤勉——冲动——挑剔——固执——善妒

B 组

善妒——固执——挑剔——冲动——勤勉——聪明

当彼得看到这两组形容词时，他简直不敢相信自己的好运气。对他来说，相较于第二个扎克·科因而言，很明显第一个扎克·科因更受人欢迎，因此他将获得更为肯定的评价。第一个扎克·科因给人的感觉像是一个积极进取的人，他清楚地知道自己想要什么，然后孜孜不倦地去追寻。与此相反，第二个扎克·科因给人留下的印象则是尽管有着一些诸如勤勉和聪明之类的优点，但是这些优点却被善妒和固执等缺点所掩盖，因此他肯定会比第一个扎克·科因更难获得成功。

彼得预测 A 组对扎克·科因的评价将比 B 组对扎克·科因的评价更积极、更肯定，你觉得他的预测对吗？

答案见本书第 123 页

外表真的不重要吗？

杰瑞·乔是“丑陋者促进协会”的主席，他正在与自己的妈妈商讨自己是否应当参加在贝拉唐娜举办的名为“禁令”的谐趣主题之夜。贝拉唐娜是亨伯赛德里维埃拉的一家有名的夜总会。

杰瑞：算了，你不是想告诉我这种有流苏的衣服和长围巾会很衬我吧……

妈妈：我并不想去想象那种画面。我想告诉你的是外在容貌并不能决定一切。

杰瑞：你的言下之意是我很丑吗？！

妈妈：我更倾向于使用“平凡”这个词，不管怎么说，你都是“丑陋者促进协会”的主席呀，因此何必如此纠结于这个问题呢？我想说的是如果你能够去参加活动，向别人展示自己个性的光彩，那么肯定会有年轻女孩喜欢你的。你是一个富有幽默感的可爱男孩。

杰瑞：我才 5 英尺 2 英寸高。

妈妈：你的身高是 5 英尺 1 英寸，但是人们没有你想的那么肤浅。难道你认为大家会因为你像一个坏脾气的小精灵就排斥你吗？你的心灵很美，温柔体贴，懂得关心别人，富有同情心，喜欢山羊；这些都是很好的品质，很多人喜欢这样的男孩子。去参加舞会吧，主动与人交流，尽情展示自己。如果遇到有好感的女生，那就约她们出去吧。

杰瑞：你太过低估了外表的重要性。如果你长得难看，那么即使你聪明体贴、适应性强、能干，也不会有多少人注意到你。很多事实证明那些外表出色的人会比外表普通的人在事业上取得更大的成功。你知道吗？在 1900 年至 1968 年期间，美国当选的历届总统在身高上都比他们的主要竞争对手占有优势。

妈妈：上帝啊！又绕到这里了。我阅读了“丑陋者促进协会”的相关文献，亲爱的，不管怎样，长相普通的人也可以约会啊！穿上你的流苏服，赶紧去贝拉唐娜吧，去约会一个年轻的姑娘。我肯定她不会拒绝你的！

杰瑞的妈妈认为个人魅力比外表重要，这一观点正确吗？外表对我们的影响真的只是浅层次的吗？

答案见本书第 125 页

我们到底有多顺从？

大卫·杰瑞德曾经是玛士撒拉实验室里的一位技术员，因为犯下滔天罪行，现正在接受审判。过去他一直致力于某种奇怪的大脑交换实验，例如将年轻背包客的大脑进行交换，然后对一半的接受实验者进行折磨（虽然律师无法决定到底是谁受到了折磨）。

杰瑞德并不否认自己所做过的事，但是他声称自己应当得到宽大处理，因为大多数人一旦身处他所在的环境下都会做出相同的选择。对他而言，移植大脑、折磨实验者只是工作的一部分罢了，他只是在执行命令而已。

在法庭上，杰瑞德被问到为什么不拒绝执行该项指令。他回答说因为在他看来一切都是光明正大、合情合理的。他的顶头上司都是资深的科学家，而实验受害者们也都签署了同意书。此外，他所在的实验室拥有现代化、高科技的设施。如今，他明白了自己行为的错误性，但是却坚信自己的行为与绝大多数身处相同境地的其他人没有什么两样。

在相同的情况下，如果接到指令，是否大多数人都会愿意去折磨他人呢？

答案见本书第 127 页

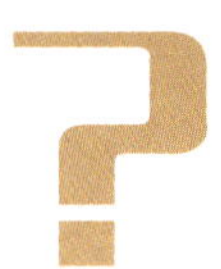

脑筋急转弯 11

在芝加哥，有 5% 的居民没有在电话簿上登记他们的电话号码。

假设你从该市的电话簿上随意选择 150 位居民，那么其中将有多少人拥有未入册的电话号码?

（解决方案见第 141 页）

脑筋急转弯 12

玛丽 32 岁。

她的年龄比自己弟弟的年龄大四倍。

当她的年龄比自己弟弟的年龄大两倍时，玛丽多少岁?

利兹该如何选择？

利兹·班奈特是热门电视节目《最佳配偶》的选手之一，她必须做出一个决定，这个决定有可能将会改变她的一生。在演播室里，当着全国电视观众的面，她要为自己选出一位男士，这名男士将成为她未来的丈夫。

《最佳配偶》这档电视节目的形式如下：每期有三位同一性别的选手和一位不同性别的选手参加，他们之中的所有人都单身未婚，正在寻找适合自己的另一半。他们必须完成一系列的任务并回答各种不同的问题，以便于演播室里的观众和电视机前的观众能够通过多个不同的角度来给出评价。评价内容包括多个方面，包括个人魅力、智商、随机应变的能力以及幽默感等。

随后，这些信息将被反馈至男性或女性选手，他们可以根据这些评级来帮助自己决定想要与之共度浪漫假期的异性选手。节目组给每个人十分钟的时间来斟酌考虑，在此期间，选手们可以与其他选手进行互动（尽管他们彼此不能够进行面对面的交流）。

以下是利兹所面临的难题。与其他三位男性选手进行交谈之后，相较于“威廉姆”以及“乔治”，她更中意“查理”。但是，她所获得的评级反馈信息表明查理在各方面的得分都要高于她自己，包括吸引力、智商以及个人魅力；而另一方面，威廉姆在各方面的得分都和她十分匹配。

利兹倾向于选择查理一点都不让人觉得意外，查理毫无疑问是一位竞争力很强的选手，利兹自然也无法抵挡这个相貌英俊、魅力十足的男人。但是与此同时，另一个声音又不断在她的脑海中回响，也许作为终生伴侣而言，威廉姆会是更好的选择。毕竟，为自己选择另一半是她参加《最佳配偶》这个节目的初衷所在。简单地说，利兹担心查理的条件太好。利兹觉得以这种方式来选择未来的配偶有些荒谬，毕竟她并没有掌握太多的相关信息，但是她真的希望能够找到理想的伴侣。

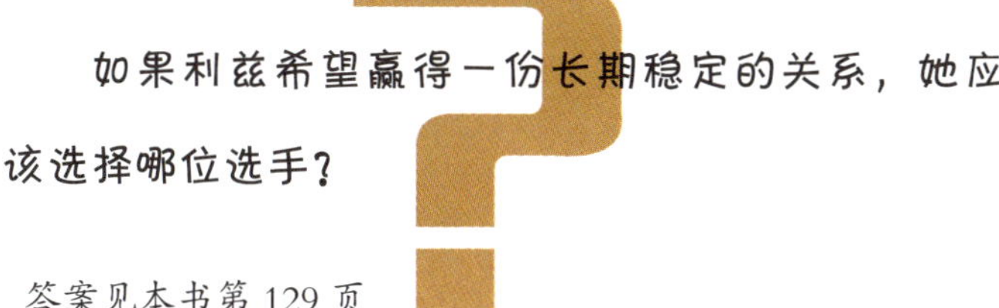

如果利兹希望赢得一份长期稳定的关系，她应该选择哪位选手？

答案见本书第 129 页

·应当相信床底下存在魔鬼吗？ ·何时信仰不再成为信仰？ ·我们是“缸中之脑”吗？ ·人类的大脑能够真正认识世界吗？

5
人类的大脑能够真正认识世界吗？
挑战信念与常识的思想实验

我只知道一件事，那就是我一无所知。这就是真正的知识的意义所在。

——苏格拉底

或许，哲学问题最令人感到苦恼的地方便是其对于人类获取知识可能性的激进怀疑。从本质上来说，激进的怀疑论者声称由于我们无法毫无阻碍地接触外部世界，并且我们不能排除在某些方面受到了实体的本质系统性的欺骗的可能，因此我们无法断言自己已经掌握了有关于这个世界的知识。

本章中所列出的难题和矛盾探讨了知识和观念的局限性。如果你能够找到解决方法，那么你就达到了过去2000年间那些最伟大的头脑所无法企及的高度。如果真是这样，你应该立即辞掉现有的工作，转而成为一名哲学家。也许你这么做收入会有所降低，但是却获得了名扬青史的机会。

应当相信床底下存在魔鬼吗?

在鲍里斯·斯托克斯看来，他自己是一个注重逻辑分析的人。他本身是当地怀疑者联盟的成员，平时喜欢做数独。早年他甚至还曾拥有过一套化学仪器。但不幸的是，最近一段时间以来，他一直被一些幻觉所困扰。这些幻觉的内容并不令人愉悦，它们全部都与一只青面獠牙的魔鬼有关。鲍里斯知道现实世界里是没有魔鬼的，因此他前去拜访一位精神病专家，希望他能帮助自己走出阴影。精神病专家告诉鲍里斯说他的幻觉要么是对疯狂世界的理性反应，要么是精神疾病的一种体现。

鲍里斯自己很清楚地意识到当大脑中出现干扰时便有可能产生幻觉，于是他倾向于相信自己患有精神方面的疾病。虽然鲍里斯所经历的幻觉感觉非常真实，真实得如同桌子椅子等其他一切真实存在的事物一样，但是他依然不相信这个世界上真的有魔鬼。

鲍里斯觉得自己最好是刻意忽略魔鬼幻觉一事，就当它根本没有发生一般继续自己的生活（在理性上是合理的）。这一态度让鲍里斯过了一段平静的生活，但是情况很快便发生了变化。幻觉魔鬼开始变得越来越富有攻击性了，它会朝着鲍里斯咆哮，当鲍里斯想观看90210电视节目时，它还会抢夺遥控器。毫不意外的是，鲍里斯并不喜欢事情发展到这一步。对，魔鬼很有可能仅仅只是一个幻觉，但是万一这个幻觉魔鬼发起攻击怎么办？其所造成的伤害很有可能不比一个真正的魔鬼所能造成的伤害小。此外，还存在着一个恼人的问题：如果那个魔鬼是真的怎么办？鲍里斯明白人们所说的世界上没有魔鬼，但是逻辑上并不排除魔鬼存在的可能性。这个世界上也有可能真的有魔鬼这种东西呢。

不久之后，鲍里斯真的遭遇了魔鬼的袭击。那是一天深夜，鲍里斯独自一人在自家的浴室里，突然魔鬼打破窗户钻了进来，至少鲍里斯本人认为自己是亲眼见到这一幕的。据鲍里斯的说法，魔鬼并没有立刻发起攻击，但是它就站立在鲍里斯的面前，他甚至能够闻到魔鬼呼吸之间所发出的腐臭味道。鲍里斯闭上自己的眼睛，祈祷再次睁开眼时魔鬼就能消失，但是他感觉魔鬼的呼吸清晰可闻，还明显感受到了它的恶意。一种想法在鲍里斯的脑海顽固盘绕，挥之不去：如果这只魔鬼是真的怎么办？这里的问题是：

在这种情况下，鲍里斯是否应该相信魔鬼是真的，赶紧想好逃避自保的对策？

答案见本书第 131 页

何时信仰不再成为信仰？

大卫和尼可拉陷入爱河，不可自拔。如同所有热恋中的人一样，他们整日含情脉脉地注视着对方，相互通过电邮发送着猫咪的照片，还会互相监视各自的社交网络账号，以防对方与他人调情。但是，两人的世界里并非全是阳光灿烂，甜蜜生活也存在被打破的威胁，比如说死亡。并不是说他们之中有人计划在不久的将来死去，而是两人意识到两人间的爱情不能够永久地存续下去，这一认识让他们感到越来越焦虑。

就在这时，生活给了大卫和尼可拉一个惊喜。一天晚上，正当两人在当地的一家旅馆中准备享用“杯杯香”时，一位名叫吉姆的天使出现在他们面前，向两人提出了以下条件：如果大卫和尼可拉分开 20 年并且相互之间不再有任何联系的话，那么 20 年之后，天使就会帮助他们实现愿望，让他们永远生活在一起。听了天使吉姆的话之后，大卫和尼可拉都觉得有些惊讶，他们让吉姆给出更为详细的解释。

天使解释说这是一桩一锤子买卖，必须遵守以下两个严格的条件：

1. 如果大卫和尼可拉接受了这一条件，那么二人不仅要分开长达 20 年之久，并且期间相互之间还不能够发生任何形式的联系。
2. 一旦二人做出决定，将无法更改。

好消息是，这桩交易还提供了以下的保证：

1. 20 年之后，两人将永远生活在一起。
2. 两人的生活将会幸福无忧，并且二人将绝对不会后悔当初所做出的决定。
3. 虽然两人在长达 20 年的时间内都不能够相互联系，但是分开的这段时间不会对他们造成任何根本性的改变。

吉姆是一位天使，因此大卫和尼可拉确信他所言属实。他们彼此也都希望能够永远生活在一起。但是，二人仍然不确定是否应当接受吉姆所提出来的这桩交易。永远生活在一起是一个相当诱人、让人无法抗拒的条件，但是为此二人将不得不分开长达 20 年之久，彼此承受着思念的煎熬。因此二人思前想后，难以轻松做出决定。

大卫和尼可拉是否应该接受这笔交易？如果他们接受了这笔交易，那么是否能够忍受多年分离的生活？

答案见本书第 133 页

我们是“缸中之脑”吗?

雨果·史密斯是一家“缸中之脑”农场的营运经理，在这个农场里，人的大脑被放置于一口装有维持脑存活营养液的大缸之中，与一台模拟设备相连，该模拟设备从外界复制电脉冲，使大脑保持一种一切与真实世界相差无二的幻觉。

雨果经营着“自由思想农场”，农场中有几千个装在缸中的人脑，每个大脑都被植入了俄亥俄州克利夫兰市的生活场景，或者说雨果自己一直这么认为。然而，今天早上，事情却突然发生了变化。当雨果正在准备吃早餐时，他从一位名叫俄耳浦斯的人口中得知，自己根本就不在这个农场工作，只是农场中众多大脑之一，最近被一台位于英格兰福克斯通的超级电脑植入了电脉冲。

不难理解，雨果听闻这一信息之后并不大相信，尤其是俄耳浦斯随后又开始大谈特谈不同颜色的药片。但是雨果心里还是有一些担忧，他并没有特别的理由来怀疑俄耳浦斯所说之话的真实性，但是他也意识到如果自己真的生活在模拟的现实中，那么也无法弄清自己到底是真实的人类还是仅仅为一个“缸中之脑”。

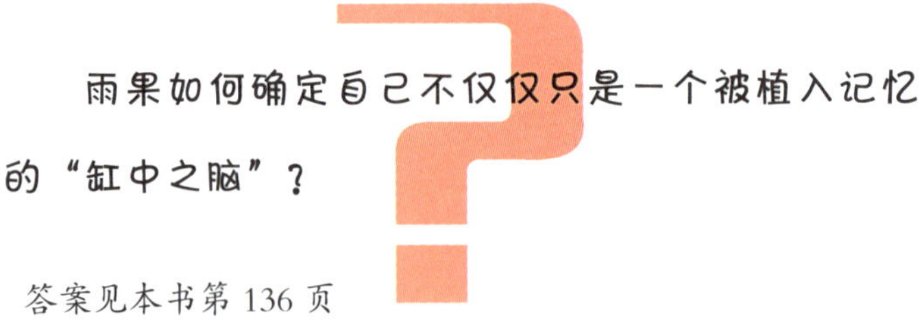

雨果如何确定自己不仅仅只是一个被植入记忆的“缸中之脑”？

答案见本书第 136 页

脑筋急转弯 13

你准备去电影院看电影，电影票由你买单。

请问分两次每次带一位朋友去电影院（假定票价保持不变）和同时带两位朋友去电影院，哪种情况花费更少？

（解决方案见第 141 页）

脑筋急转弯 14

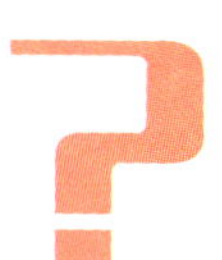

两位老年人想过河，唯一能够渡河的方法是乘坐河边的一艘船，该艘船每次只能载一个人过河。在船上没有乘客的情况下船无法前行；此外，两人并没有绳子或其他的辅助工具可以使用。

尽管这样，两位老人还是顺利渡过了河。

请问这是为什么？

人类的大脑能够真正认识世界吗？

臭名昭著的“三只熊”团伙成员们正在咀嚼着美味可口的玉米片、帐篷以及来历不明的肉食，与此同时，它们还抱着好奇的心态热烈地讨论着人类。

三只熊一开始便赞同达尔文有关人类种族的观点。据它们所知，人类与它们自己一样，都是自然选择的产物。人类的大脑可能比熊的大脑大，虽然它们觉得在《小红帽》中好像并不是这样的。但是人脑仍然是纯粹的物理实体，可以通过感觉器官从外界获取数据。大脑的构成遵循了基因的指示，与其他的基因相比较而言，那些能够成功促进生殖的基因将会拥有更多的存在延续机会。三只熊都是彻底自然主义者，它们深信整个过程是由明确的物理法则所驱动的。

在某种程度上，出于这个原因，三只熊觉得人类有些让人费解。人类似乎对于发现世界的奥妙极为感兴趣，他们称这为寻求“知识”以及探索“真理”。因此，他们不满足于仅仅有蜂蜜吃，而是热切地想要找出蜂蜜的构成要素以及制作方法。但是，如果人脑是通过完全自然的程序进化而来的话，那么为什么人类的大脑能够具有这样的功效呢？根据达尔文的理论，大脑的任务是促进生存，而不

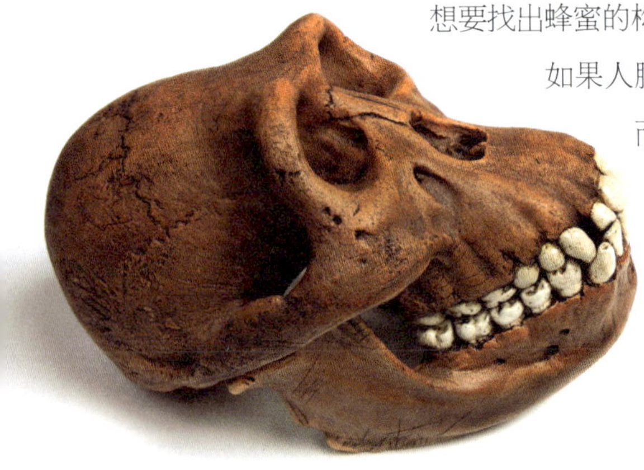

是建构对于世界的准确表现。自然选择并不注重真理或其内部以及自身，它所注重的只是是否能够促进繁殖。

此外，三只熊也明白目前还存在着一个巨大的未解难题：物理实体如何能够感知世界？或者，用哲学家科林·麦金的辛辣言词来说："'肉'如何能够感知世界呢？"

大脑自然主义的起源与人类能够探索万物真相的信念之间是否存在着矛盾？

答案见本书第138页

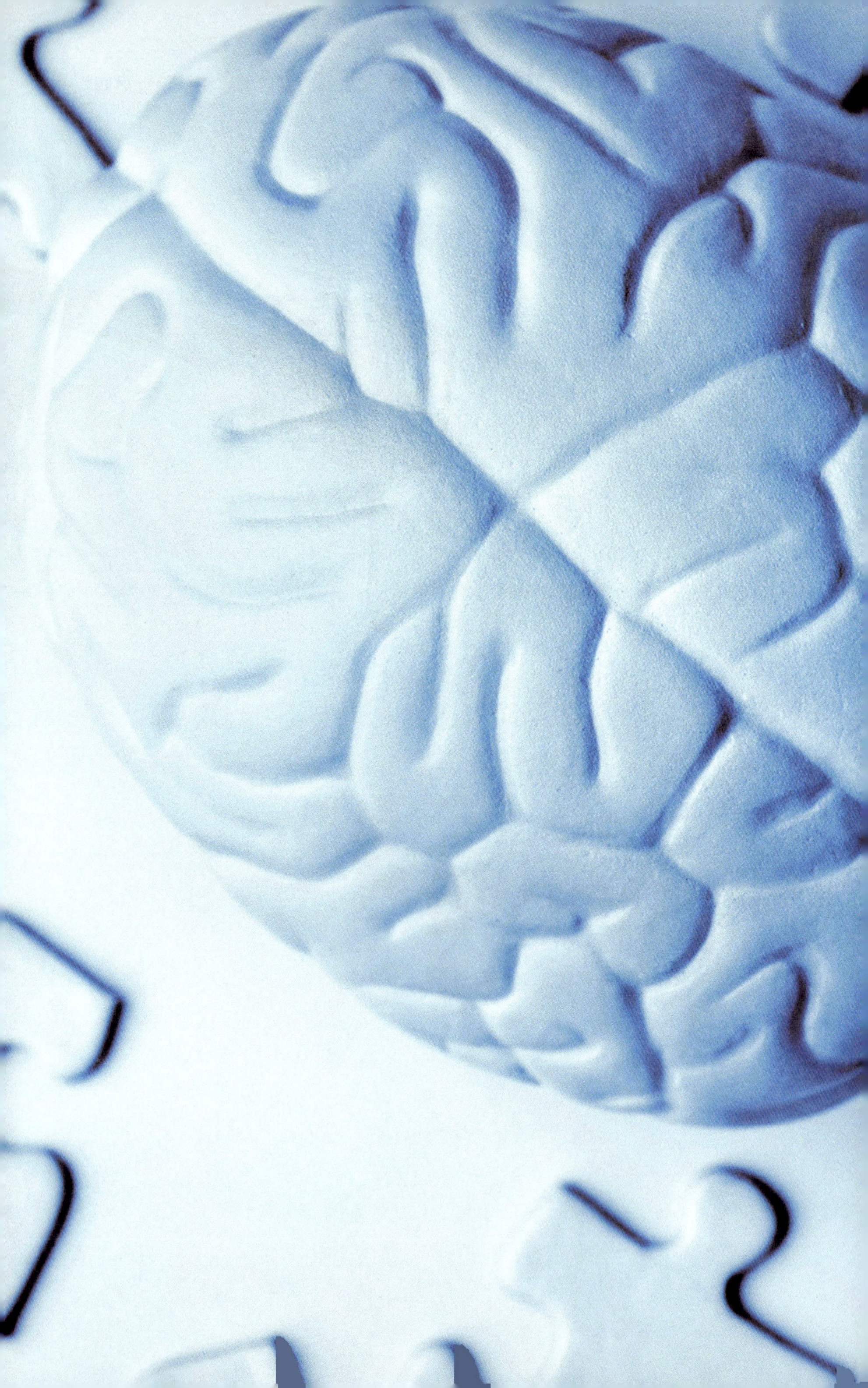

答案

红色球还是绿色球？

（见本书第 10—11 页）

答案是无论选择哪个坛子都没有本质上的区别，因为弗兰克从任意一个坛子中抽到一个红色球的几率都为二分之一（50%）。

这一点在 B 号坛子中体现得最清楚，因为这个坛子中一共有 100 个球，其中有 50 个是红色的（50/100=1/2）。A 号坛子也是如此，虽然我们并不知道这个坛子中所装的红色球的具体数量，但是本质上并无区别，只不过对这种情况的解释相对而言较为复杂。

在 A 号坛子中，我们知道红色球与绿色球相加的总数是一定的。这意味着 A 号坛子中装有 50−n 只红色球的可能性与装有 50+n 只红色球的可能性相等（此处 n 代表 0 至 50 之间的任何一个数字）。上述 n 相互抵消，总体可能性为百分之五十（或二分之一）。

如果这样说明还不够清楚的话，那么我们可以利用具体的数字来帮助理解。例如，这个坛子装有 49 只红色球的可能性与装有 51 只红色球的可能性相当；而其装有 48 只红色球的可能性与装有 52 只红色球的可能性相当。依此类推所得出的结论全都成立。

模糊效应

按照实际情况来说，这是一个相当简单的概率计算。然而，这类问题的有趣之处在于人们倾向于按照一种被称之为

"模糊效应"的态度来予以回应。"模糊效应"最初是由经济学家丹尼尔·埃尔斯伯格（Daniel Ellsberg）所提出的，用于表明人们在面临选择时，通常会倾向于选择胜算较大的那种可能性，但实际上这种可能性并不能够为他们带来更大的胜算。或者，换句话说，人们通常会逃避看似比较"模糊"的选择，尽管与那些可能性较明确的选择相比，这类选择一样也能够为他们提供获得理想结果的同等机会。在"红色球还是绿色球"这一场景下，这意味着绝大多数人会选择 B 号坛子。

平等的结果

模糊效应导致人们做出一些表面上看起来十分荒谬的决定。例如，我们可以看看以下所列出的涉及弗兰克以及红色球的场景。

我们假设弗兰克选择了 B 号坛子来抽取第一只球，并且所抽到的这只球是红色的，那么坛子之中将被补充放入另外一只红色球（这样才能够保持与最开始相同的状况），然后弗兰克会被要求继续做出选择。但是，假定这一次为了实现弗兰克所希望看到的最佳结果，借到红色的球以备晚间活动所需，他必须从两个坛子之中抽到一只绿色的球。在这种情况下，弗兰克应当选择哪个坛子来抽取第二只球?

答案是选择 A 号坛子与选择 B 号坛子所获得的结果是相同的。然而，在这一情况下令人不解的是绝大多数人还是选择了 B 号坛子，即使他们现在所希望抽到的是绿色球，而且已经知道 B 号坛子之中红色球与绿色球的比例是 50 ： 50。弗兰克之所以一开始便看好 B 号坛子而非 A 号坛子是因为他相信从 A 号坛子中抽取到红色球的几率低于 50%，即 A 号坛子中抽到绿色球的几率大于 50%（记住，坛子中仅有红色球和绿色球）。但是，第二次选择时，弗兰克需要抽到一个绿色球，这时再次选择 B 号坛子就说不通了。而前面已经提到过，从 B 号坛子中抽到绿色球的几率是 50%（1/2），这比最开始所相信的从 A 号坛子中抽到绿色球的概率要低。

电梯发生故障了吗?

(见本书第 12—13 页)

“电梯悖论”最早是由物理学家马文·斯特恩(Marvin Stern)和乔治·伽摩(George Gamow)所提出来的，此处的例子是“电梯悖论”的一个版本。理解这一问题的关键在于弄清彼得与埃洛伊塞公寓所在的具体位置。彼得的公寓在接近底层的楼层，而埃洛伊塞的公寓在接近顶楼的楼层。这意味着每当彼得想要乘坐电梯时，停下来的电梯很有可能会正准备向下运行，而每当埃洛伊塞想要乘坐电梯时，停下来的电梯很有可能会正准备向上运行。下面我们将探讨发生这一现象的原因。

简而言之，原因其实并不复杂。由于电梯在大部分时间里都会位于彼得所在楼层的上方，因此当他到达电梯门口时，极有可能电梯正在楼上，这意味着当他最初见到电梯时，电梯通常都正处在下行状态；而对于埃洛伊塞而言，情况刚好相反：由于电梯在大部分时间里都会位于埃洛伊塞所在楼层的下方，因此当她到达电梯门口时，极有可能电梯正在楼下，这意味着当她最初见到电梯时，电梯通常都正处于上行状态。

下面这个例子将会更明白地说明上述问题。假设有一栋十层的大楼，大楼的电梯在每个楼层会停留两分钟。下页所列的表格显示了该电梯从早晨 7:58 开始的运行时间表。

正如你所见到的那样，电梯一共需要 36 分钟才能完成由底楼到顶搂再从顶楼到底楼的一个运行周期。此处的关键是假设你住在接近底层的楼层，例如一楼，那么为了电梯一停下来便可以乘坐，你需要刚好在一个四分钟的时间段内到达电梯门口，也就是说，你必须在7:58至8:02之间到达。如果你在36分钟里的其他任何时间到达，那么你刚刚见到电梯时，通常需要等待它先下行。由此得出结论，如果你在7:58至8:34之间的任何一个时间点到达电梯门口，那么存在着极大的可能性是你将处于等待电梯下行的状态，而非能直接乘梯上行（这正是彼得所经历的困惑）。

楼层	时间
一楼	7:58
底层	8:00
一楼	8:02
二楼	8:04
三楼	8:06
四楼	8:08
五楼	8:10
六楼	8:12
七楼	8:14
八楼	8:16
九楼	8:18
八楼	8:20
七楼	8:22
六楼	8:24
五楼	8:26
四楼	8:28
三楼	8:30
二楼	8:32
一楼	8:34
底层	8:36

在现实世界当中，还存在会使情况变得更为复杂的各种变量。例如，有可能当你到达电梯口时，无人使用的电梯正闲置在底楼，这便增加了电梯上行的可能性。不管怎样，在一栋安装有电梯的建筑物中，上述基本的情景将会出现。如果你住在接近底层的楼层，那么当你到达电梯口时，电梯极有可能会正在下行；如果你住在接近顶楼的楼层，那么当你到达电梯门口时，电梯通常会正在上行。

你的乌鸦是什么颜色的？

（见本书第 14 页）

虽然让人觉得很难以置信，但是一个红苹果的存在的确能够支持所有的乌鸦都是黑色的这一观点。要明白为什么会这样，就必须了解所谓的“乌鸦悖论”。“乌鸦悖论”最早是由德国的逻辑学家卡尔·古斯塔夫·亨佩尔（Carl Gustav Hempel）于 20 世纪 40 年代所提出的。

“乌鸦悖论”的相关的论证有点复杂，但是如果我们一步一步地来进行解析的话，还是有可能弄明白这个问题的。首先我们必须注意到的是“所有乌鸦都是黑色的”这一命题与“所有不是黑色的东西都不是乌鸦”这一命题在逻辑上是相等的。

逻辑等价

要明白这一点，就必须分析上述两种命题中的第二种，找出其中的真理或谬误。如果说“所有不是黑色的东西都不是乌鸦”这一论述是正确的，那么“所有乌鸦都是黑色的”也必然是正确的，因为从上面的论述中我们可以推导出不存在非黑色的东西是乌鸦这一可能性。如果“所有不是黑色的东西都不是乌鸦”这一命题是错误的，那么“所有的乌鸦都是黑色的”也同样将是不成立的，因为至少会有一样不是黑色的东西是乌鸦。将上述情形放在一起思考，你便可以得到逻辑等价。

弄清本论证的第二步是思考那些作为上述两种命题中的第一种的

支持论据的元素。就这一点而言，如果你观察到有一只黑色的乌鸦，那么这便可以用作证明“所有乌鸦都是黑色的”这一命题的论据，这似乎是无可辩驳的。当然，事实上看到一只黑色的乌鸦这件事情并不能证明所有的乌鸦都是黑色的，但是即使仅仅只看到一只黑色的乌鸦，也会导致我们对“所有乌鸦都是黑色的”这一命题的信任度有所提高。

如果看到一只黑色的乌鸦便可以用于证明“所有乌鸦都是黑色的”这一命题，那么可以推导出“所有不是黑色的东西都不是乌鸦”这一命题也是正确的。换句话说，如果我们可以找出一样既不是黑色也不是乌鸦的东西，那么似乎也可以用于证明上述命题的正确性。一只红色的苹果便属于这一范畴，这是显而易见的，因为它既不是黑色的，也不是一只乌鸦。由此我们可以得出结论，一只红色的苹果可以用于支持“所有不是黑色的东西都不是乌鸦”这一命题。

终结论证

至此，我们已经到达了对于上述论证所进行的分析的最后一步。前面我们已经注意到“所有乌鸦都是黑色的”这一命题与“所有不是黑色的东西都不是乌鸦”这一命题具有逻辑等价性。这意味着如果一只红色的苹果可以增加我们对“所有不是黑色的东西都不是乌鸦”的信任度，那么它同样也可以增加我们对“所有乌鸦都是黑色的”这一命题的信任度。因此，似乎比尔·陶布的做法是合理的：虽然一只红色的苹果看起来与乌鸦并没有多大关联，但是这只苹果似乎的确支持了“所有乌鸦都是黑色的”这一命题。

这是非常违反直觉的，因此我们不难理解为什么亨佩尔的难题被视为是一个悖论。具体而言，人们很难相信可以通过观察苹果了解有关乌鸦的相关信息。然而，“乌鸦悖论”的解决方案之一便是认为苹果与乌鸦之间的确存在着某种关联，只是在存在大量非黑色物体的情况下，我们所知道的极为有限。

这一论证如果究其细节将会变得十分复杂，我们可以利用两个假想的世界来帮助理解。在第一个世界里，一共有两只乌鸦，还有十亿种颜色非黑色的东西；在第二个世界里，情况则刚好相反。如果你在第一个世界里观察到了一只黑色的乌鸦，那么这可以在很大程度上使你相信“所有乌鸦都是黑色的”这一命题（因为你已经观察到了乌鸦总数量的一半）。然而，如果你在这个世界里观察到了一个颜色不是黑色的对象，那么你对“所有乌鸦都是黑色的”这一命题的信任度虽然不至于为零，但是也将会大大下降。

在第二个世界里，情况发生了变化。观察到一只黑色的乌鸦并不能够为“所有乌鸦都是黑色的”这一命题提供充分的支持证明（因为除这只黑色的乌鸦外，还存在着十亿只乌鸦，它们之中很有可能会有一只不是黑色的）。然而，在这个世界里，观察到一个颜色不是黑色的对象，假设这个对象不是乌鸦，那么便可以为“所有乌鸦都是黑色的”这一命题提供很大程度的支持，因为你所能找到的不是乌鸦的对象仅仅只剩下一个了。

小的快乐的国家就是最好的吗？

（见本书第16—17页）

一个人口过多、情况糟糕的国家可能比一个人人都很快乐的小国更好，这是哲学家德里克·帕菲特在他的著作《理与人》中所探索的一个问题。帕菲特将这一问题定义为“矛盾的结论”（因为这似乎暗示了功利主义），详细情况如下：

如果有至少一百亿人，并且这些人都享有较高的生活质量，那么肯定会存在数量更大的假想人口，在其他条件相同的情况下，这些假想人口的生活将会更好，即使他们过着仅能够维持生存的生活。

为何如此？下面我们来进行相关探讨。假设有名为A和A+的两个国家，在A国中，每个人都非常快乐；而A+国则拥有两类人口，一类人的生活状况与A国人的生活状况相差无几，另一类人则过着截然不同的生活（可能和该国的其他人隔海遥遥相望），这些人并不怎么快乐，但是也还过得去，那么很难相信如果第二类人不存在的话，这个国家其他人口的生活将会更好。因此第二类人对于第一类人并没有多大影响，该国公民的生活仍然具有价值。由此我们可以断言，A+国的状况并不比A国的状况差。

现在设想存在第三个名为B−的国家，这个国家中也有两类不同

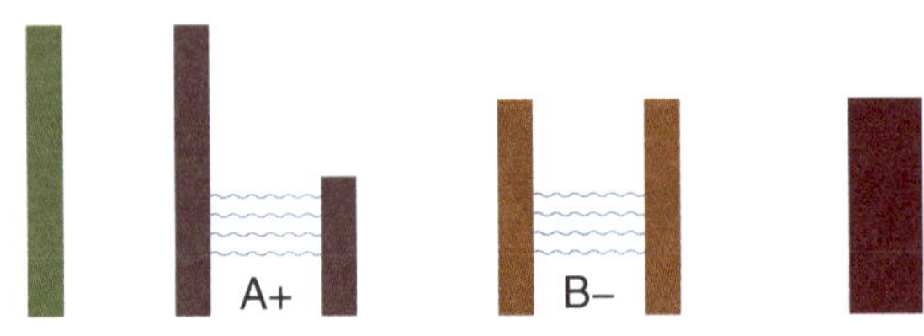

的人群。第二类人的幸福感最近已经大幅增加，与第一类人的幸福感接近（第一类的人幸福感则有所下降，但是下降幅度低于第二类人幸福感的增长幅度）。那么看起来似乎 B- 国人们的生活质量较 A+ 国更优，因为 B- 国的平等程度和平均幸福水平都更高。

最后，假设还存在一个名为 B 的国家，这个国家与 B- 国基本相似，只不过 B 国的各类人群已然融合。在这种情况下，很难想象 B 国人们的生活比 B- 国人们的生活差，因为这两个国家唯一不同之处在于两种人群是处于分隔状态还是处于融合状态。

纯增加悖论

通过上述分析，我们可以得出以下结论：B 国并不比 B- 国差，也不比 A+ 国差（有可能比 A+ 国更好），而 A+ 国则不比 A 国差。由此我们可以看出，即使 B 国中大量人口幸福感处于较低水平，B 国的整体状况也并不比 A 国差（甚至比 A 国好）。

无疑这是违反直觉的，但是上述分析步骤可以用于对 B 国、C 国、D 国等国家的分析，直至得出以下矛盾的结论：拥有大量处于水深火热边缘的人口的 Z 国并不比 A 国差。

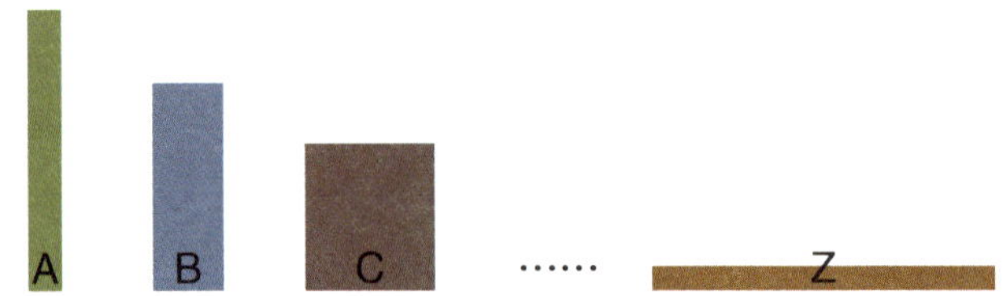

这一论证被世人称之为“纯增加悖论”，一旦涉入便很难摆脱随之而来的令人费解的各种困惑。例如，可能你认为A+国实际上比A国差，因为A+国的人们幸福感水平更低。如果是这样的话，那么就不会出现最后的矛盾结论。但是，我们也应当思考以下问题：与一个拥有一百万名虽然没有达到极端幸福程度但是却仍然十分幸福的成员的国家相比较而言，一个拥有十名极端幸福的成员的国家是否更好？尽管人口较多的那个国家中，人们的总体幸福感会更高。

因此，林德赛·里斯可以在辩论中运用技巧来说服火星人不要消灭自己的国家。有一点值得思考：如果我们认为人的生命从本质上讲是珍贵的，那么应当是越多人存活越好（假设我们现在所讨论的是那些具有存在价值的生命）。但是，德里克·帕菲特并不一定能够接受这一结论，在他看来，矛盾的结论就应当是矛盾的。

理发师为什么要逃走?

（见第 18—19 页）

理发师之所以逃离了琐拉城是因为他不想因为违反参孙的新法律而丢掉自己的性命，但是又找不到一个可以帮助他理发的人。

新的琐拉城法规要求每个人在以下途径中（不能同时选择两种途径）选择一个将自己的头发剃光：

1. 自己为自己理发；
2. 前往理发师处理发。

由此推知理发师只能够为那些不自己理发的市民们理发。这个没什么问题呀，你可能会这么想，新法规听起来似乎很合理。但是当你考虑到理发师时，就会发现问题变得有点复杂了。

理发师悖论

对于理发师而言，存在两种可能性：要么他自己为自己理发，要么他请理发师（还是他自己）为自己理发。问题在于选择任何一种方法都会以违反参孙的新法规而告终。如果理发师自己为自己理发，那么他同时又是由理发师理了发，这是新法规所不允许的，因此他不能够选择自己为自己理发。但是如果他不自己为自己理发的话，那么他必须请身为理发师的自己为自己理发，因为法律规定每位市民如果不自己为自己理发的话，便需要请理发师为自己理发。

这一难题被称为“理发师悖论”，是著名的罗素悖论的一种通俗表达方式。在理发师悖论中，一位既为自己理发又不为自己理发的理发师是不存在的，这也正是理发师要逃离琐拉城的原因：他实在是没有办法执行参孙的新指令。

这个难题还有一种会时不时突然出现的版本，解释该版本需要一些诡辩的技巧。你可以尝试一下是否能够予以解答：

一位来自小镇的理发师声称：“我将只为那些不为他们自己理发的人理发”。

那么，谁来为理发师理发呢？

有效论证还是无效论证？

（见本书第 20—21 页）

此处亚历克斯·吉本被要求判断三种论证的有效性。在这种背景下，一个有效论证具有如下特征：结论必须是由前提推导而来的。以下是一个有效论证的经典例子：

所有的男人都终有一死。苏格拉底是个男人。因此苏格拉底终将一死。

可是有效的论证所得出的结论并不一定正确。例如：

所有的男人都拥有翅膀。苏格拉底是一个男人。因此苏格拉底拥有翅膀。

这是一个有效论证（结论是由前提推导而来的），但是结论却是错误的（因为第一个前提“所有的男人都拥有翅膀”本身就是错误的）。现在我们来看看亚历克斯·吉本所面临的论证问题。

论证一

前提：所有吸食的东西都是对健康有益的

前提：所有的香烟都是吸食的

结论：香烟对健康有益

这一论证是有效论证。结论本身当然是荒谬的，这一点毋庸置疑，但是该结论是明确地由前提推导而来的。

论证二

前提：所有四条腿的动物都很危险

前提：狮子狗不危险

结论：狮子狗不是四条腿的动物

这一论证同样是有效论证。如果所有四条腿的动物都很危险并且狮子狗不危险的话，那么自然而然就会推导出狮子狗不是四条腿的动物。如果这么说还不够清楚的话，那么可以尝试使用以下内容来重建论证：

前提：所有人类都终将一死

前提：上帝是永生的

结论：上帝不是人类

论证三

前提：所有没有工作的人都是穷人

前提：唐纳德·特朗普并非没有工作的人

结论：唐纳德·特朗普不是穷人

这一论证是无效论证。虽然结论碰巧是真的，但是该结论并非是由前提所推导而来的，因为除了没有工作的人之外，还完全存在其他人群（例如老人）是穷人的可能性。

信念偏差

上述这些论证被设计用于说明一种被称之为信念偏差的认知偏差。包括乔纳森·埃文斯在内的心理学家所进行的研究表明，当结论与我们的信念相悖时，我们并不能很好地判断演绎论证的有效性。换句话说，如果论证的结论让人难以置信，那么我们倾向于否定原本有效的论证；如果论证的结论可信，那么我们则倾向于接受原本无效的论证。这意味着如果你对上述论证无法轻松给出正确判断，那么可以告诉自己这并不是因为你不擅长于推理，而是因为认知偏差对你产生了一定的误导。

“鳄鱼”会怎么做?

（见本书第 22 页）

“鳄鱼”向罗纳德·普伦普所开出的条件模拟了被称之为“鳄鱼困境”悖论，这一悖论最早是由古希腊人所提出来的，也有说法说该悖论是由斯多葛派哲学家克律西波斯提出的：一个鳄鱼偷了一个父亲的儿子，它保证如果这个父亲能猜对它是否会将儿子完璧归还，它就会将儿子还给父亲。

如果这个父亲回答说鳄鱼会将儿子还给自己，那么显而易见存在两种可能发生的结果：

1. 鳄鱼原本决定将孩子归还，父亲已经正确地猜出了鳄鱼的决定，因此鳄鱼将会按照协定将孩子归还给父亲。
2. 鳄鱼原本决定不归还孩子，父亲未能猜对鳄鱼准备采取的行动，因此鳄鱼将会把孩子留下来（孩子可能会成为鳄鱼的一顿美餐）。

自相矛盾的结果

但是，如果父亲回答说鳄鱼将不会归还孩子的话，问题就有点棘手了。这一答案同样会导致两种可能的结果，但是这一次，两种结果都会存在矛盾：

1. 鳄鱼原本决定将孩子归还，父亲没能正确猜出鳄鱼的决定，因此鳄鱼会将孩子留下。但是，如果鳄鱼将孩子留下，那么就意味着父亲猜对了鳄鱼准备采取的行动，按照协议鳄鱼就应当将孩子归还给父亲。

2. 鳄鱼原本决定不归还孩子，父亲已经正确地猜出了鳄鱼的决定，因此鳄鱼将会按照协定将孩子归还给父亲。但是如果鳄鱼将孩子归还的话，那么就意味着父亲没能正确猜出鳄鱼准备采取的行动，按照协议鳄鱼将留下孩子。

这些结果充满了矛盾，在两种情况下都无法判断鳄鱼是否应该将孩子归还。这意味着鳄鱼总能够找到借口留下孩子，因此如果父亲猜测鳄鱼将不会归还孩子的话，他将永远无法找到无可辩驳的理由让鳄鱼将孩子归还。

因此罗纳德·普伦普无法明确地对“鳄鱼”所开出的条件做出回应。他有两种选择：猜测“鳄鱼”良心发现，决定将女儿归还给自己；或者怀疑“鳄鱼”秉持不拿到赎金不罢手的态度而猜测其不会将女儿归还给自己，然后祈祷能够利用该种预测所带来的矛盾性后果扰乱“鳄鱼”的思维。

机器人们面临什么问题？

（见本书第 24—25 页）

解决艾尔桑塔酒吧问题的第一步是我们要知道，一个机器人决定是否前往酒吧的唯一因素是周四晚上会有多少名机器人出现在酒吧。机器人们知道如果他们之中有不到 60 人前往酒吧的话，那么就会度过一个欢乐的夜晚；而如果同时有 60 名或更多机器人出现在酒吧的话，那么就会变得一团糟。这意味着以下的规则将会被采用：一名机器人只有在它认为会有不到 60 人前往酒吧的情况下才会去酒吧；如果它认为会有 60 名或更多机器人前往酒吧的话，则会选择留在家中。

以往出现在酒吧的机器人数目

第二步便是思考哪些因素可能会有助于判断前往酒吧的机器人的数量，这里我们不能够忘记机器人之间无法进行交流，并且必须同时决定是否前往酒吧。在现实世界中，诸如天气之类的因素可以被视为是具有相关性的。但是，在最初对于这个问题的思考设计中，经济学家布莱恩·亚瑟（W. Brian Arthur）指出唯一一个具有相关性的因素是前几周出现在酒吧的机器人数目。

这给了我们一个弄清楚事情原委的线索。我们假设所有的机器人都仅仅只按照上周出现在酒吧的机器人数目来预测本周将光顾酒吧的机器人数目，那么如果上周仅有不到 60 名机器人出现在酒吧的话，本周出现在酒吧的机器人也不会有 60 名或更多；如果上周有 60 名或更多的机器人出现在酒吧的话，本周出现在酒吧的机器人也将达到 60 名或更多。

这一规则的应用将导致与酒吧在周四晚上所出现的状况相同的情形。要么所有的机器人全部都出现在酒吧（因为上周仅有不到 60 名机器人出现在酒吧，因此所有的机器人都预测本周光顾酒吧的机器人数目也不会有 60 名或更多）；要么没有机器人会出现在酒吧（因为上周有 60 名或更多的机器人光顾酒吧，因此所有机器人都预测本周光顾酒吧的机器人数目也将达到 60 名或更多）。

爱尔法鲁酒吧问题

然而，机器人不会凭上述简单的预测规则来做出判断，并且也没有任何情况表明预测所应考虑的唯一因素是过去几周里出现在酒吧的机器人数量。事实上，这并无多大分别。在不计预测规则复杂性的情况下，如果所有的机器人都采用了这一预测规则，并且该规则所能够提供的可能性概率为一，那么，在广为人知的爱尔法鲁酒吧问题中，任何一位机器人都将遭到挫败。

换句话说，如果所有机器人都预测出现在酒吧的机器人不会超过 60 名，那么事实上，所有的机器人都会出现在酒吧；如果所有的机器人都预测将会有 60 名或更多的机器人出现在酒吧的话，那么所有的机器人都不会去酒吧。当然，这恰好是前面已经讲过的发生在酒吧之中的状况。这些机器人都被编入特定程序，它们使用相同的预测规则来判断自己是否应当前往酒吧。结果，迄今为止，还没有哪个机器人好好享受过“发电站”主题之夜。

你的邻居是僵尸吗?

(见本书第 28—29 页)

约尔格陷入了两难的境地。他正面临着被哲学家们称之为“他心问题”的问题。简单地说，我们无法触及他人的内部心理状态，又如何才能够确认(其他)人具有人类的思想意识呢?人类能够进行各种行为的事实并不能够证明他们具有人类的思想意识，因为尖端机器人在没有任何思想意识的情况下也能够履行相同的行为。因此约尔格有可能仅仅只是一个僵尸而已。

精神世界

约尔格在自己的辩护词中准备了一系列的论证。他使用了传统的类比论证，可以基于两个事实推断出他心的存在:

A. 所有的人类都具有相同的身体结构;

B. 某些情况下其他人会做出与我相同的举动。

因此，如果我用一把刀子刺伤我自己，那么我将感受到疼痛并尖叫出声。当其他人用刀子刺伤自己时，他们同样也会尖叫出声。由于我们有着相同的生理机能，因此可以合理地推断出他们也经历了疼痛。

这个论证听起来似乎是合理可信的，但是不幸的是，对于约尔格来讲，这远远不足以使他脱离困境。捉鬼猎人们可以很轻易地做出如下反驳：如果你与一个正常的人有着相同的生理机能，那么你便拥有了精神世界。问题在于这似乎并不符合逻辑，因为有可能存在一个由生物机器人所主宰的世界，这些机器人是构造复杂但拥有与人类相同机能的机器，只不过它们没有人类的思想意识。

然而，约尔格可以回答说虽然可能存在某种或某几种世界，在这类世界中存在着与人类极为相似的僵尸，但是在我们所存在的世界中这是不可能的，因为这个世界存在自然法则，这一法则将大脑的物理性能与具体的精神状态联系起来。如果这是正确的，那么在我们所在的世界里，拥有一个处于运转状态、如人一般的大脑（即使是一个复杂的机器人大脑）便是精神世界存在的保证。如果你拥有大脑状态A，那么你将体验疼痛B，不管你是谁或是什么东西。

摆脱困境的方法？

约尔格就这样摆脱困境了吗？不幸的是，这一论证并未能帮助他取得捉鬼猎人们的信任。猎人们可能会简单地否认大脑加上正确的自然法则就足够产生思想意识。例如，我们可以相信某种有生命的灵魂同样也是精神世界存在的前提条件之一。如果这种说法是正确的，那么约尔格是僵尸的可能性便无法被排除。虽然约尔格可以创立一个更为强有力的论证来否认自己是僵尸，但是他无法消除可能存在的所有怀疑。他依然身处可能被猎人所杀的危险境地。

当然，有可能约尔格根本就不在乎。

你能为不可避免的事情负责吗？

（见本书第 30—31 页）

人们普遍认为决定论削弱道德责任。决定论是指人的一切活动都是先前的某些原因所导致的结果。这里决定论想要表明的是让某人对必定会发生的事情承担责任是不对的，比如人在毫无选择余地的情况下做出了决定，那么让其为该决定承担责任似乎是不对的。

本项思考实验涉及了“大金牙”以及鲍里斯·亨廷顿这两个人。这是基于一个最初由哲学家哈里·法兰克福所设计的场景，该场景旨在挑战决定论。在这项思考实验中，除了刺杀艾莫，亨廷顿并不会有机会做出其他选择，因为一旦他产生动摇，“大金牙”将会激活微型芯片来确保他继续完成任务。然而，尽管事实如此，大多数人还是会认为亨廷顿应当为刺杀艾莫一事承担道义上的责任，因为芯片从未被激活。这似乎表明人们应当为在毫无选择余地的情况下所做出的决定承担道义责任。

决定论的真相

然而，事情通常并不像最初所构想的那般简单。此处需要回答的问题是：微型芯片与鲍里斯·亨廷顿的行动毫无关联。简而言之，由于芯片未被激活，因此在这个故事中它没有发挥任何作用。但是如果我们将芯片这一道具排除在本故事之外，同时又表明鲍里斯·亨廷顿除了刺杀邦尼·艾莫之外别无其他选择（按照决定论的要求），那么对于他是否应当为自己的行为承担道义上的责任，很有可能人们将会给出不一样的直觉反应（人们很可能会认为他不应当承担道义上的责任）。

决定论所具有的欺骗性

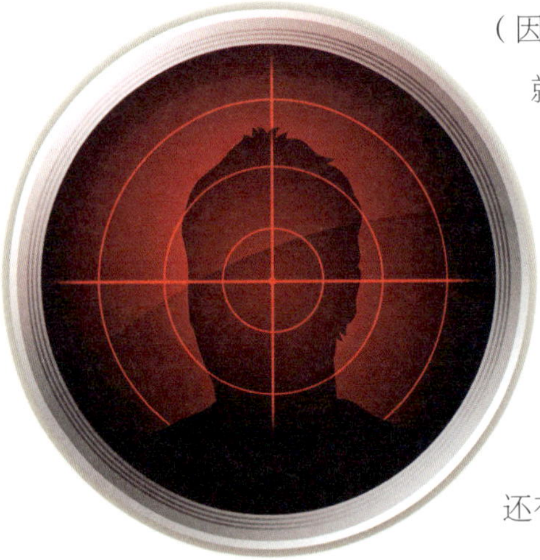

如果在刺杀邦尼·艾莫之前，亨廷顿已经做出了刺杀艾莫的决定，那么虽然亨廷顿无论如何总会刺杀邦尼·艾莫（因为有芯片存在），但是并不能因此就得出结论说如果没有意识到芯片的存在，他就会做出放弃刺杀艾莫的决定，然后最终导致大脑中的微型芯片被激活。他的道义责任表现在微型芯片并未被激活这一事实，而非他刺杀了艾莫这一事实。换句话说，他的道义责任在于明明还有其他选择，却还是选择了刺杀艾莫。

汤姆·皮尔斯还是汤姆·皮尔斯吗？

（见本书第 32 页）

对于汤姆·皮尔斯今天是否能够顺利完成前往博维的旅行这一问题并没有一个获得普遍认同的答案，个人身份以及个人持续存在所必需的元素是分析这一问题的关键所在。

如果你相信汤姆·皮尔斯完成前往博维的旅行后还是汤姆·皮尔斯，那么很有可能你认为个人生存的必要条件是某种形式的心理连续性。简而言之，你可能认为如果一个人保留了他的记忆、经历以及性情的话，那么他就将继续生存下去。相反地，如果你不相信汤姆将会顺利完成前往博维的旅行，那么很有可能你认为个人生存的必要条件是身体的延续性。换句话说，你可能会觉得一个人只要他的身体继续以现有的形式存在，那么他就将继续生存下去。虽然这两种观点都不乏支持者，但是可能绝大多数哲学家都更加倾向于肯定心理连续性决定人类生存这一观点。

传送装置故障

但是，如果想要对本辩论中所涉及的复杂性有更为清楚的了解，那么就应当考虑到我们故事中所存在的一个变数，这个变数最早是由哲学家德瑞克·帕菲特所提出的。在这一变数中，汤姆·皮尔斯进入到远距离传送装置，按下按钮，但是传送装置没有任何反应。他听见了机器运转所发出的声音，但是却发现自己依旧停留在原地。当他走出远距离传送装置时，有人告诉他该台装置发生了故障。有关汤姆身

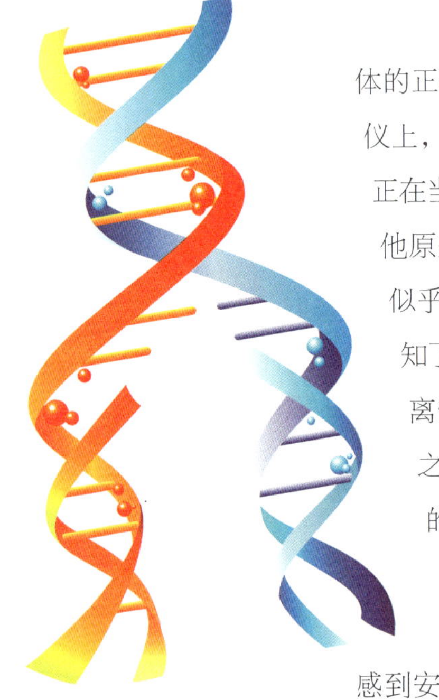

体的正确信息已经发送到了位于博维的复制仪上，他的复制品已然被制作了出来（现在正在当地的一家咖啡馆享用下午茶），但是他原来的身体却并未被毁掉，因此看起来似乎他并没有去任何地方。然后汤姆又获知了一些糟糕的消息，由于他在进行远距离传送时受到了大量的辐射，辐射剂量之大足以致命，因此大概只能再活几天的时间。

在这种情况下，他是否应当因为复制品将会代替自己继续存活下去而感到安慰呢？如果心理连续性决定人类是否生存，那么似乎他的这次旅行是成功的，因为复制品与踏入远距离传送装置之前的他拥有相同的心理状况。但是，问题是很难想象有人会因此而觉得安慰（尽管有人可能会觉得这样总好过什么都没有）。绝大多数人将认为复制品并非汤姆·皮尔斯，而仅仅是自以为是汤姆·皮尔斯的另外一个人。真正的汤姆·皮尔斯并没有成功完成这次旅程，并且现在又面临着寿命大幅减少的悲惨命运。

我的潜力何在?

(见本书第 34—35 页)

人们很容易认为“月之子”一直都存在当父亲的可能，只是他不够幸运罢了。这种想法与以下设想具有同等效应，即如果他选择 X 而非 Y，那么就会发生 Z，他就会有一个孩子。因此潜力是确实存在的。事实上，他可以采取多种途径当上爸爸，但是他却在一些关键时刻做出了错误的选择(例如选择了错误的女性)。

决定论的观点

然而，假定一个所做出的选择都是他必定将会做出的选择，这并不违反直觉；换句话说，除了他已经做出的选择之外，他不会另作他想。当然，这将成为那些相信决定论正确性的人群所持有的标准观点，即每件事情，包括人类的思想以及行为在内，都是由已经发生的事情以及状况所决定的。如果决定论是正确的，那么似乎“月之子”将永远没有成为父亲的潜力；只是在事情真正发生之前，永远不可能知道其真实与否。

这里存在一种可能的回应，那就是我们所知道的物理定律，尤其是量子力学，可以否定决定论。简单地说，自然之中存在大量的不可测因素，因此因为 X 状况在 Y 时间段的存在，不可避免地出现 Z

结果是不成立的。如果结果 Z 并非是不可避免的，即如果“月之子”没有孩子并非是不可避免的，那么便可以得出结论说存在有潜力的人不能挖掘潜力从而梦想成真的可能性很正常。

潜力的概念

不幸的是，这一论证并非决定性的。这部分是因为量子不可测性对于人类行为以及选择层面的影响还不明确，同时也是因为即使这种影响确实存在，也可能不足以为潜力给出定论。

设想一下，你想成为世界上跑得最快的短跑选手。假设这种可能性并不存在（如果你是尤塞恩·博尔特，那么对此我深感抱歉）。但是有一天发生了一件突如其来的事情，这件事引发了连锁反应，结果导致你遭遇了雷劈。那之后，你发现自己可以在八秒钟之内完成 100 米短跑。问题是：我们能否因此断言你自始至终都有八秒钟之内完成 100 米短跑的潜力呢?

值得一提的是，我们必须意识到这里所探讨的并非是自由意志的缺席（很多哲学家相信自由意志与决定论相兼容）。我们所讨论的是“永远都不会实现的潜力”是否真的存在。如果决定论是正确的，那么就无法解释存在“永远都不会实现的潜力”，但是如果不存在“永远都不会实现的潜力”，那么“月之子”过的那种混乱的生活就毫无意义可言。

谁来承受折磨?

(见本书第 36—37 页)

面对这一场景，人们通常会认为卡珊卓拉应当选择“身体 – 公民 A”，即选择那个由自己的躯体以及载入苏珊娜的思想、记忆以及性情的大脑所组成的主体作为承受折磨的对象。这表明绝大多数人觉得个人身份主要在于心理精神上的连续性或连贯性。换句话说，人们认为个人身份是由人的思想而非人的身体决定的。

然而，哲学家伯纳德・威廉姆斯曾经指出为了引出相反的结论，可以将此场景以一种截然不同的方式加以呈现。

自我分离

设想一下，假如有人告诉你说明天早上你将受到折磨，但是又告诉你说到时候你将失去一切已有的记忆。你很有可能不会因为失忆就觉得即将来临的折磨没有那么难以忍受。我们都能够想象那些发生事故之后失去记忆的人是多么难受，而且与此同时，他们还必须承受身体上的巨大疼痛。

假设接着又有人告诉你，接受折磨时你不会拥有自己的记忆，而是将拥有另外某个人的记忆，同样地，你很有可能不会因此就感到如释重负，因为你可以想象出

那种精神错乱的状态。例如，你可能将自己想象成亨利八世，但是仍然需要在接受折磨时承受可怕的痛苦。

如果有人进一步告诉你当时机成熟之时，你将拥有一位当前正活着的人的记忆，这些记忆将被移植进入你的大脑之中，似乎你也不会因此而如释重负。因为你拥有谁的记忆、这些记忆如何进入你的大脑并不是关键所在。如果之前你没有感到如释重负，那么没有理由现在你就会觉得压力全消了。

这里的关键问题是这一系列的事件正好描述了卡珊卓拉和苏珊娜即将经历的情形的一方面，而给人的直观感觉却是完全不同的。现在看起来似乎肉体所承受的痛苦才是关键点所在。如果不是这样的话，那么我们也无需畏惧折磨。根据伯纳德·威廉姆斯的说法，这使得整个情形变得“极其难以解释”：

> 当我们着眼于这两个不同之处时，是否真的能够说服自己相信第二种说法是错误的或是具有误导性的？这是否会使第一个版本看起来十分具有说服力？当然不是。

显而易见的是，我们描述这类场景的方法会对随之而来的直觉感受造成很大的差异。

如果蒙提也不知道，那该怎么办?

（见本书第 40—41 页）

蒙提·霍尔悖论的变种版本也被称之为“无辜的蒙提”或“蒙提摔倒”，其场景与原版的蒙提·霍尔悖论完全相同，只不过在这个版本中，蒙提也不知道藏在门后的是什么（只是无意间撞开了没有藏有汽车的那扇门而已）；或者也可以说，蒙提随机打开了一扇门，而这扇门后面恰好没有汽车。

于是，有些人就觉得既然场景完全相同，并且在两种情况下蒙提都没有打开那扇后面藏有汽车的门，那么威廉因为改变选择而带来的赢得大奖的几率也应该保持不变。但是，事实却并非如此。在原版本的情况下，如果改变选择的话，赢大奖的几率将会是三分之二。在本书中所给出的情况下，改变选择并不会为赢大奖带来更高的几率：改变选择或者不改变选择，得奖机率均为 50 ∶ 50。因此，威廉并没有必要特意去改变预先选定的门牌号。虽然改变选择不会对他的获奖几率产生任何影响，但是也不会增加他的胜出几率。

至此，你可能会感觉有些迷惑不解。为什么在两种看起来完全相同的场景之下，采取相同的策略（改变选择）胜出的几率却会发生变化呢?

概率

首先我们需要阐明的就是在新版本的蒙

提·霍尔悖论中，不管你是否改变选择，胜出的几率都是 50 ∶ 50。假设你最开始选择的是 1 号门，然后蒙提无意之中撞开了 3 号门，那么接下来要做的事便是计算出在三种情况下的所有可能发生的情形（即分别分析汽车藏在 1 号门、2 号门、3 号门后面时的胜出概率）。

这其实并非难事：如果汽车被放置在 1 号门或者 2 号门后面，那么 3 号门后面没有汽车概率便为 1（可以确定 3 号门后面没有汽车，因为汽车被放置在另外两扇门其中之一的后面）；如果汽车被放置于 3 号门的后面，那么 3 号门后面没有汽车的概率便为 0（也就是说 3 号门后面没有汽车是不可能的，因为汽车就藏在这扇门的后面）。

因此，由于 3 号门后面没有汽车（因为蒙提无意中撞开此门时已经显示后面藏的是一只山羊），那么汽车肯定在 1 号门或者 2 号门后面。与此同时，我们知道 3 号门后面没有汽车的概率与汽车藏在 1 号门或者 2 号门后面的概率并不相同。因此，1 号门后藏有汽车的概率与 2 号门后藏有汽车的概率相同，改变选择便没有多大意义了。

汽车藏在	3 号门后面没有汽车的概率
1 号门后面	1
2 号门后面	1
3 号门后面	0

对于新版本的理解

理解原版蒙提·霍尔悖论和新版蒙提问题之间所存在差异的关键是意识到新版之中，存在主持人无意中撞开背后藏有汽车的那扇门的可能性（因为撞开门纯属意外，主持人无法选择），一旦这种情况发生，那么游戏还没开始便宣告结束了。这很有意思，因为在原版的蒙提·霍尔场景下，如果情况相同——假设你选择了相同编号的门，而山羊和法拉利都被安排在相同的位置，那么在这两种情形之下，只要你改变自己的选择，就会赢得汽车大奖（因为为了避免展示法拉利，蒙提将不得不推开另外一扇背后藏有山羊的门，这意味着如果改变选择的话，你将选中那扇背后藏有法拉利的门）。正是这一点不同解释了为什么在原版场景下，改变主意获胜的概率为三分之二；而在翻新版的场景下，获胜的概率仅为50 ：50。简单地说，即使参赛者在原版本的蒙提·霍尔场景下能够赢得大奖，那么在翻新版本的蒙提·霍尔场景下也不一定能够赢得大奖。

电车应该从胖子身上轧过去吗?

(见本书第 42—43 页)

“电车难题”最早是由哲学家菲利帕·福特(Philippa Foot)提出来的。大致如下:

一辆失控的电车正在轨道上行驶,可是有五个无辜的人被绑在轨道上。幸运的是,只要按下一个按钮便可以使电车转至另一条轨道之上,从而避开那五个人。然而另外一条轨道上也有一个被困的人。那么你认为是否应当按下按钮?

大多数人都会回答说电车应当改道,这说明我们都有一种强烈的直觉,认为在别无他法的情况之下,为了使更多的人幸免于难,可以牺牲小部分人的利益。

本书中所描述的是“电车难题”的循环铁轨版本。二者的场景相似,只不过在本书中所提到的情形下,火车转向驶上的那条岔道是与循环主轨道相连的,因此如果没有岔道上的那个胖子,另外五个人将难以幸免。如果想要更好地理解这个版本,我们可以先来看看之前一个电车难题。

胖子和铁路桥

哲学家朱迪斯·嘉威斯·汤姆森(Judith Jarvis Thomson)提出

了“电车难题”的以下扩充版本：

一辆电车失控了，朝着铁轨上的五个人驶来。你正站在电车必将经过的一座桥上，如果向下投掷重物便可以使电车停下来。刚好你旁边站着一位胖子，你唯一能够阻止电车继续前行的方法便是将这个胖子推下桥，使其跌落到轨道上，牺牲他一个人的生命来拯救其他五个人的生命。那么你是否应该将这个胖子推落到电车轨道上呢？

这里的道德考量看起来与原版本中所涉及的道德问题并没有什么不同。为了拯救五条生命，你可以牺牲那个胖子一个人的生命。但是，人们对于在该场景下如何对待那位胖子一事又持有不同的看法：绝大多数人认为将他推落桥下是不对的。

双重效应学说

为什么人们会有这些不同的反应呢？一种可能的解释便是上述两种场景之间存在着真正道德上的区别。在原始版本的“电车难题”中，我们可以在并非刻意去伤害另一条轨道上的那个人的情况下拯救原行驶轨道上那五个人的生命：我们的意图仅仅是使电车避开即将撞上的五个人。在所谓的双重效应学说下，这种行为是合理的、被允许的，即只要我们并非为了增加最大快乐值而有意为恶，并且实际上采取该类行为的有利价值大于不利价值，则可被认为是善。很明显，将那位胖子从桥上推下去的做法并不符合这一观点，因为我们刻意地利用了他来获更大的快乐值（即拯救五条生命）。

尽管在电车难题以及其扩充版的循环轨道场景中，人们所倾向的两种选择都是为了拯救更多人的生命，但是它们所触发的脑部机制是不一样的。在扩充版本中，我们的计划成功与否取决于铁轨上的那位胖子。如果他不在那里的话，另外五个人无论如何难逃一死。只有牺牲那位胖子才能够拯救那五个人的生命。因此，与站立于桥上的胖子的场景相似，这是被双重效应所排除的。但是，当我们谈及循环铁轨以及桥上胖子的场景时，人们还是倾向于认为使电车（火车）转向是更符合道德规范的。

如果上面所讲的使你感到困惑，那么我可以告诉你其实这个问题原本就不存在正确的答案。“电车难题”以及其扩充版本的意义在于说明人类道德直觉存在的原因并非总是很明显的。

宙斯是无所不能的吗?

(见本书第 44 页)

宙斯所面临的难题被称之为“万能悖论”。澳大利亚的哲学家 J·L·麦凯(J.L. Mackie)对这一悖论进行了如下阐述:

> 【C】万能的神是否能够创造出他自己也无法控制的事物呢?或者说……万能的神是否能够制定出也能够约束自己的规则呢?【……】很明显这些是充满矛盾的问题:人们无法简单地给出肯定或者是否定的答案。如果我们回答“是”,那么就得出了上帝实际上创造出了自己所无法控制的事物,或者制订出了能够约束他自己的规则,如此一来,上帝便不能够被称之为是万能的:因为有些事情是他无法做到的。但是如果我们回答“不是”,那么等于立即承认了有些事情是上帝所无法做到的,这同样也说明他并不是万能的。

然而,麦凯认为,说这个难题是一个真正的悖论未免太过草率,因为对于宙斯以及其他万能的神灵(在其他可能存在的世界里)而言,如果他们想要保护自己万能的声誉,其实存在很多可以规避这一难题的途径。

一种观点认为,被称之为万能者仅仅需要拥有能够达成一切逻辑上可能的事的权力就行了。阿奎那曾争辩说万能是指能够做事的能力,无论这些事在逻辑上可能还是不可能。但是这又陷入了一种矛盾状态,因为它要求不可能变成可能。从这种意义上来讲,麦凯将门槛定得太高了，因为他认为万能者必须拥有创造出自己所不能够控制的事物的能力，这等同于要求万能者拥有使逻辑上不可能的事变成可能的能力，麦凯觉得对于万能者而言，其权力应当没有任何限制。

虽然很多哲学家达成共识，认为万能并不要求拥有做成逻辑上不可能的事的能力，但是仍然存在着诸多不同的意见。勒奈·笛卡尔就曾争辩道：

> 我们可以确定的是上帝能够做一切我们能够理解的事，但是我们不能理解的是，他是否能够做我们所不能理解的事。如果有人认为自己的想象能够达到上帝的权力一样的宽广度，那么他肯定是疯了。

当然，如果万能真的要求拥有完成一切不可能的事的能力，那么万能悖论又将被再次摆上桌面，如此一来，宙斯的神权将再次受到威胁。但是，宙斯并不用为此感到担忧，理由如下：如果一位万能者可以做任何事情，那么这必将包括以一种人类所无法理解的方式重写逻辑规则的权力。因此，如果宙斯是万能的，那么他就能够创造出一座自己也无法搬动的山，但是与此同时又能够搬动它。对于我们而言，这显得极为矛盾，但是这只能证明我们自己存在局限，并不能够说明宙斯不是万能的。

吃人一定是不对的吗?

（见本书第 46—47 页）

这个有关探险队的故事是朗尼 · L · 富勒（Lon L. Fuller）在一篇名为《洞穴奇案》的著名文章中提出的，该文于 1949 年在《哈佛法律评论》上刊出。文中所提出的例子复杂而又微妙，同时还提供了大量的相关文献。结果，就柯利达的四位被困者是否应当按照谋杀罪论处这一问题，人们无法给出确切的答案。但是，我们可以探讨一下与此相关的不同话题。

适用法律

首先要指出的是，柯利达的四位被困者是否犯下了道德意义上所不能容忍的错误并不是此处的关键所在。可以认为这四个人是否应当按照杀人罪论处与道德问题无关，这是富勒原文中的一个人物“吉恩法官”的观点：

> 【A】我不想讨论的问题是这四个人的所作所为是“正确的”还是“错误的”，是“邪恶的”还是“善良的”。这同样是个无关法院职责的问题，因为法官宣誓适用的是法律，而不是个人的道德观念。

在本书所提出的场景中，适用法律非常清楚。如果有人随意伤害了他人的生命，那么就将被处以死刑以示惩罚。虽然这似乎支持了柯利达的四位被困者应当按照谋杀罪论处这一观点，但是对于这一结论，尚且存在很多值得琢磨商榷之处。

举例来说，也许有人会说在柯利达的四位被困者所处的情境下，法律并不适用。在富勒的文章中，“法官福斯特”争辩说，一个国家的法律只有在致力于维护和促进人的和平共存的情况下才适用。因而对于那几位被困于洞穴之中的人而言，法律并不适用。被困者如果想要生存下去，就必须吃掉自己的一个同伴。实际上，在此情形下，被困于人迹罕至的山洞之中的人脱离了“社会”，进入了“自然状态”，生存的需要成了唯一的法则，“自然法则”占据了统治地位。从这个方面来看，四位被困者应当被“视为无罪”。

理解角度

第二种可能性取决于法律文字以及法律本身之间的差异。如果法律不是被设计为按照字面意思来加以解释的，那么我们必须考虑法律的目的，而不仅仅是文字。如此一来，法庭并不能因为被困者破坏了字面上的法律而判定他们有罪。这里我们可以联想一下正当防卫。英国法律中规定公民拥有正当防卫的权利，因此，当人们有充分理由认为自己受到了迫在眉睫的安全威胁时，可以采取原本为违法行为的措施。显然，柯利达的四位被困者不算正当防卫，但是他们可以为自己辩护说，正当防卫法律条款的存在显示法律不能仅仅按照字面意思来加以解释，应当具体问题具体分析。

公众意见

还有一种观点认为法律应当灵活执行，以便于一个国家的公民保持对司法体制的信心。如果某项审判的最终判决远远不能够获得广大民众的认可，那么司法制度、法律程序以及公民意愿之间的和谐就会遭到破坏。因此，在这个案子中，有人争辩说应当参照过往的案例，判决四位吃掉同伴换取生存机会的被困者无罪。“法官汉迪”表达了如下观点：

> 宣判这些人无罪并不需要使我们卷入任何毫无尊严的诡辩或欺诈，不需要进行任何与本法庭过往惯例不一致的法律原则。人们认为依照法律应当判决这几个人有罪，而我们的无罪判决就比我们创造正当防卫法律的祖先们更加延伸了法律的意义。

当然，上述这些观点并不具备决定性意义。富勒文章中所提到的这些（虚构）探讨最终所得出的结论是对四人执行死刑。这同样也是法庭对 Mignonette 号帆船案件的最终判决，Mignonette 号帆船案件是发生在 19 世纪的一件真实的事件，与此处我们所探讨的虚构场景类似。

罗伯斯洞穴里会发生什么？

（见本书第 50—51 页）

比尔·西尔弗曼完全有理由担心今年罗伯斯洞穴国家公园的童子军营地中将出现一场大混乱。从某种意义上来说，这不过是一个常识问题。我们由经验可以得知，社会群体之间所存在的敌意源自于相互之间的利益冲突。换句话说，不同的社会群体相互之间通常会由于在各个方面存在着竞争而发生冲突，这一点毋庸置疑。在社会心理学的历史上，研究人员曾经进行过一个极为著名的名为“罗伯斯洞穴实验”（Robber's Cave Experiment）的现场实验，该实验也能够很好地对上述论述予以支持。

罗伯斯洞穴实验

穆扎费尔·谢里夫（Muzafer Sherif）与他的同事们希望弄清楚不同群体之间所存在的竞争是否足以导致敌意和冲突的产生。

> 我们的假说是当两个社会群体拥有相互冲突的目标（例如，一方只有在牺牲另一方利益的前提下才能够实现自己的目标）时，两组成员之间便会充满敌意，即使这些群体本身是由正常的有教养的个体所组成。

罗伯斯洞穴实验于 1954 年在奥克拉荷马州的一个夏令营里开展，该夏令营位于一个名叫罗伯斯洞穴的偏僻处。一共有 21 名男孩参加，他们个个都“健康、善于社交、智力出众、来自稳定的新教白人中产阶级家庭”。这些孩子被随机分成两组，两组被分隔开来，以便使他们形成一种独立的群体意识。在实验的推进过程之中，研究人员为每组成员设计了一系列的合作活动，包括做饭、组织游戏以及搭建帐篷等。两个组分别给自己选定了名字，一组叫做响尾蛇队，另一组叫做老鹰队，他们很快便形成了群体规范、等级意识以及团队精神。

大约一周之后，响尾蛇队和老鹰队第一次发现了对方的存在，研究人员还设计了一些冲突来源。在特定的场景中，两组成员被安排在一系列精心设计的游戏中相互展开竞争，这些游戏包括垒球、拔河以及寻宝等等。游戏结束之后，胜出的一组将成为总冠军。

一开始，孩子们出于体育精神考虑，相互之间做出了一些让步，但是很快比赛便沦为了《蝇王》的真人版。响尾蛇队和老鹰队烧毁了对方的旗子，相互斗殴、谩骂，还派出突袭队前往对方的营地进行偷盗等破坏活动，争吵相当激烈。

结果

以下是谢里夫和他的同事们对本项实验结果的描述：

> 两个参与实验的群体之间相互竞争，以及由此而来的越来越严重的团体之间的摩擦，各组成员纷纷形成了对于外组成员的消极

否定态度。这类对非本组人员的消极态度通常表现为言语上的攻击辱骂、对非本组成员的贬斥以及刻意避免与外组成员发生联系……

罗伯斯洞穴实验进一步证实了“社会群体之间的敌对和恶意都与利益冲突相关”的命题。

然而，这并非就是故事的大结局。我们可以注意到，在该实验的场景下，如果男孩们事先便相互认识，那么两组之间的竞争就不会如此激烈，很多小插曲也不会发生。虽然这与谢里夫以及其同事所持有的“不同群体之间的冲突必然会导致敌意的产生”的观点相悖，但是在某种程度上，它可以为我们的版本提供支持。值得一提的是，泰尔曼（Tyerman）和斯宾塞（Spenser）于1983年进行过一项实验，该项实验正是在一个参与者事先彼此认识的情境之下，不同群体之间的竞争表现得甚为友好，并且也没有出现牺牲外组利益来实现本组利益的现象，群体之间也没有冲突发生。

智人是高贵的野蛮人吗？

（见本书第 52 页）

对于亚历克斯·吉本的乌托邦美梦而言，不幸的是有证据已经证明“我们”和“他们”之间的区别是塑造和构建人类经验的基础所在。我们基本上可以肯定地说人类不得不适应生活在一个人与人、群体与群体之间存在着极度分裂的世界里。

让我们来看看心理学家亨利·塔杰菲尔（Henri Tajfel）与他的同事们一起在20世纪70年代所进行的相关研究。在他们所从事的实验中，实验参与者被要求完成一项简单的任务（例如猜测一个集群中心点的数量），接着，该名人士被带进一个小隔间被要求为另外两个人打分，这些分数在实验结束之后可以用于兑换金钱；他还被告知根据回答点的数量的准确度，自己已经被分进了一个特定的小组之中；除此之外，研究人员还将即将接受他的评分（等同于金钱）的两个人分别所属的组告知了他。

这一实验是为了弄清楚最低限度的群体成员资格是否也会影响到人们的行为。换句话说，心理学家们想要研究人们是否会偏向于自己所在的组群。

实验结果令人吃惊。被试者自然而然地偏袒自己组的成员，愿意为其分配更多的奖励分。即使有选择的权利，人们也会对自己小组显示出最大的忠诚，而对其他小组就显得相对小气，即便这意味着他自己会因此而减少所得。换言之，实验对象所关心的是自己小组的整体表现是否优于其他的小组。

这里有必要弄清一些相关信息。实验所涉及的人群：（a）相互之间并不认识；（b）相互之间并没有进行任何互动；（c）并没有外来压力逼迫他们偏袒自己所在的小组；以及（d）偏袒自己所在的小组并不会为个体本人带来任何好处。尽管如此，人们还是会对一个自己一无所知的人产生偏见，只因为那人被分在了不同的小组。

这说明人们生来就倾向于将自己分入不同的组群，并与其他组群划清界限，他们从自己所在组群和其他组群的角度出发来理解这个世界。亨利·塔杰菲尔如是说：

在我们对于他人的判断中，在形成各类原型的过程中，在我们所处的劳动关系中，我们并不是以孤立的个体存在，而是作为特定组群中的社会人来获取自我身份的确认，归属于某一特定社会类别，而我们的行为也会据此展开。

只要这种情况存在，群体的冲突和对立就不会消失，亚历克斯·吉本的乌托邦美梦永将仅仅是一个美梦而已。

是否会有人伸出援助之手？

（见本书第 54—55 页）

“金发姑娘”依稀记得的那件关于一位年轻女子被刺致死的事件发生在 1964 年的纽约市。受害女子名叫吉蒂·珍诺维丝，她受到攻击被刺时间长达 30 分钟，当时有 38 个人在场，可是这些人之中没有任何一个帮助受害人找来警察。

旁观者效应

社会心理学家们对于那些在类似上述紧急情况下采取旁观态度、避免牵涉其中的人的心理进行了广泛的研究。此类研究毫无疑问是十分复杂的，但是现已证实的是存在一种所谓的“旁观者效应”，即救助行为出现的可能与在场旁观人数成反比，旁观人数越多，救助行为出现的可能性就越小。

在一定程度上来讲，这与从众心理有关。在面对紧急情况时，如果别人没有采取行动的话，那么个体一般会倾向于模仿他人的行动，认为如果应该采取行动的话，那么他人必定早就已经采取行动了。这种情况在特殊情况下更为突出。这是一种责任扩散：一旦紧急情况下有他人在场，个体就会倾向于认为自己并非一定需要牵涉其中给予救助。因此，在吉蒂·珍诺维丝事件中，可能每一位目击者都认为他人会打电话报警。

由此产生的后果让人觉得有些悲哀，因为似乎是我们为了逃避帮助他人而寻找种种借口。然而，在“金发姑娘”所面临的特殊情况下，尚且存在着一丝希望。

相关因素

社会心理学家艾略特·阿伦森（Elliot Aronson）曾经描述过自己在约塞米特蒂国家公园露营时所经历过的一件事情。当他听见有人求救时便爬出了帐篷观望，却看到了一幕奇怪的现象。

> 人们从四周赶来，无数闪烁的灯光都聚集在一点上。几十名露营者听见有人呼叫之后，都纷纷携带着手电筒前来准备援助。结果大家发现呼叫者呼喊的原因只是因为他的汽油炉突然燃烧起来，并没有什么大危险。当明白并不需要自己帮忙时，其他露营者看起来都感到很失望。

阿伦森认为在这种情况之下，人们之所以愿意伸出援助之手是出于一种“亲密感”，因为大家同为露营者。换句话说，即使这些露营者彼此并不认识，但是他们之间仍然感到有一种共同的纽带存在，这意味着一旦出现麻烦，他们都会乐意去帮助他人。

之后，欧文·皮利埃文（Irving Piliavin）和他的同事们所进行的一项实验进一步证实了上述观点。在该项实验中，研究人员安排一位演员在地铁车厢里假装病情发作需要帮助，结果车厢里几乎所有的乘客都冲过去帮忙。看起来乘坐同一节地铁车厢的人们会感觉拥有共同的命运，他们与受害者面对面，认为自己责无旁贷地应当予以可能的帮助。

因此，在“金发姑娘”所处的情境下，其他的露营者听见呼救之后很有可能会前来提供援助，这并不是因为人类的天性特别倾向于帮助他人，而是因为在这种特殊的情况下，“金发姑娘”周围的露营者会感觉到与她之间存在着一种共同的命运和联系，因为他们处于同一环境之下。

彼得的预测正确吗?

（见本书第 56—57 页）

彼得·坎贝尔预测 A 组对扎克·科因的评价将比 B 组对扎克·科因的评价更积极、更肯定，这是正确的。这在某种程度上令人惊讶，因为毕竟两组所给出的形容词都相同：聪明、勤勉、冲动、挑剔、固执、善妒。但是我们注意到，唯一的不同是这些词语的排列顺序。在 A 组中，那些积极褒义的词语排列在前面；而在 B 组中，情况则正好相反。有趣的是，恰恰是这种信息呈现顺序上的变化导致我们对同一个人产生了不同的印象。

1946 年，社会心理学家所罗门·阿希曾经进行过一项开创性的研究，这项研究恰好就是有关彼得·坎贝尔被要求进行观察预测的那项实验。所罗门发现 A 组的人会以一种更为积极的态度来看待等待他们评价的扎克·科因：他很能干，有些缺点，但是瑕不掩瑜。相比之下，B 组则会对扎克·科因留下不好的印象，他有优点，但是这些优点在很大程度上被缺点所掩盖。此外，在 A 组组员眼中被视为积极向上的一些个人品性（例如“冲动”）在 B 组组员眼中则是消极的。

首因效应

这项研究结果证明，信息呈现的顺序会对社会认知产生很大影响，先呈现的信息比后呈现的信息具有更大的影响作用，这被称之为首因效应，与近因效应（个体最新获得的信息）是相对的。对于首因效应，其原因理论上存在着多种不同的解释。例如，我们倾向于将最先接受的信息所形成的最初印象视为是“真实的”，后面接受的其他信息不会改变最初的记忆图式,即使后面的信息与前面的信息不一致，也会屈从于前面所获得的信息；或者我们会单纯地对于第一印象投入更多的关注；还有可能我们会将后来的信息经由最先输入大脑的信息所形成的记忆结构进行过滤。因此，如果我们先入为主地认定某个人很聪明，那么有关于他的其他个性——即使是那些消极的个性，也会被我们按照先前所获得的印象评价来加以解读。

首因效应的存在还有着很多令人不安的影响（近因效应也如此）。表现最明显的是最先输入人类大脑的信息会对他们以后的认知产生系统性的偏差：相较于信息本身的影响而言，信息呈现的顺序对于我们所形成的判断会产生更大的影响。

不妨设想一下以下场景。你正在为一份工作面试应试者。两人都必须接受口头测试，并且考试过程中两人所需要回答的问题的数量是相同的。应试者 A 在考试一开始表现出色，而应试者 B 则在考试后半段表现出色。在这种情况下，你可能会更倾向于认为应试者 A 能力更强、更能胜任这份工作，虽然这并不是衡量二人的整体表现之后所得出的结论。对你而言，做出准确判断的能力很有可能会被形成首因效应的认知偏差所影响。

外表真的不重要吗？

（见本书第 58—59 页）

杰瑞·乔认为出众的外貌能为一个人带来很多优势，这毫无疑问是正确的。让我们来看看凯伦·迪翁以及她的同事们所进行的一项研究吧。他们向一些大学生展示了三个人的照片，这三个人的外貌分别处于不同的层次，一个外表出众、一个相貌普通、一个则长得难看。随后，研究人员请学生们根据一系列的人格特征来为照片中的人进行等级划分，并预测他们各自未来的幸福指数。不出所料，大家一致认为那位外貌最出众者拥有最多的正向特质，未来获得幸福的可能性也最大。而在另外一项研究中，克里斯·唐斯以及菲利普·里昂发现在面对犯罪分子进行惩罚时，相较于外貌出众的罪犯而言，法官们通常倾向于对外貌难看的犯罪分子征收更高的罚金。

肤浅

多项研究都得出了相同的结论，当涉及爱情时，外貌所发挥的作用更加不容小觑。我们通常会认为自己是有教养的人，不会肤浅到以貌取人，但是事实上这是我们所无法控制的。不幸的是，我们的教养其实与我们的美貌一样肤浅，因为广泛存在的证据表明外貌是吸引异性的一个重要决定因素。

在一项由明尼苏达大学于 1966 年所进行的典型研究项目中，伊莱·沃尔斯特与她的同事们随机将一年级新生进行配对并让他们参加一个舞会。这些学生们以前曾经完成过一系列测试，因此研究人员掌握了他们各自的个性、智商以及社交能力等方面的一些信息。除此之外，研究人员还对这些学生们的外貌进行了评级。研究问题是哪个因素是随机组合的两个人是否喜欢对方的最重要的因素。事实上，最重要的因素并非人们通常在“牵手”专栏中所读到的聪明或幽默感，外貌才是人们决定是否继续保持交往的衡量砝码。如果两个外貌出众的人被分配在了同一个小组，那么很有可能他们会计划第二次会面。

“不要以貌取人”是杰瑞的妈妈所持有的观点，这一观点十分流行。如果你问别人对于未来的另一半有些什么要求，那么通常外貌出众会被排在众多条件的后面。但是，无数的事实告诉我们，在寻爱之旅中，外表的确是一个占据着举足轻重的地位的因素。

我们到底有多顺从？

（见本书第 60 页）

大卫·杰瑞德认为在他所描述的情况下（尽管涉及脑部移植），绝大多数人都会愿意去折磨他人。事实上，他的想法是正确的。这一让人吃惊的事实最先由一位名叫斯坦利·米尔格拉姆（Stanley Milgram）的心理学家所证实，他曾于 20 世纪 60 年代早期进行了一系列经典的实验。

米尔格拉姆实验

“米尔格拉姆实验”是米尔格拉姆所进行的第一项实验。该实验包含了 40 名男性参与者，这些人都是看了报纸上的广告前来应聘的。广告中声称这是一项研究“体罚对于学习行为的效用”的实验，并被告知参与实验者自身将扮演“老师”的角色去教导隔壁房间的另一位参与者——“学生”，“学生”事实上是由实验人员所扮。除了每位实验参与者的行为以及反应之外，接下来所发生的所有事情都是事先精心策划好的。

参与实验者被告知隔壁房间里的“学生”被绑在一张椅子上，与电极所连接。研究人员以及“老师”所在的房间中有一台电击控制器。“老师”被告知一旦“学生”回答问题有误，便需要对其施以电击惩罚。为了让实验参与者相信一切都是真的（当然事实上并不是真的），研究组甚至还让他们亲身体验了一番轻微的电击。

一切准备就绪之后，“老师”开始向“学生”教授单词。每次只要“学生”回答错误，“老师”便会对其进行电击。如果“学生”回答错误的次数增多，则电击的瓦特数也会每次随之提升 15 伏特。

这一实验的结果十分令人震惊，因为没有参与者在电压达到 300 伏特之前坚持停止对“学生”的惩罚。而在机器上，300 伏特处明显标示出“强烈电击”字样，此等电击将使“学生”痛苦万分不断捶击墙壁。大约三分之二的参与者都执行了最高 450 伏特的电击惩罚，尽管他们都表现得不太舒服。450 伏特水平的电击上标有“XXX”符号，比标有“危险：极强电击”的强度更大。

这一项实验所得出的结果在后来的多项相关实验中亦得到了证实，米尔格拉姆在他所进行过的 18 项不同的实验中都获得了相似的参与者反馈。这些参与者一共有 646 人（其中包括 40 名女性，她们显示了百分之六十五的顺从率）。通过这些实验，米尔格拉姆得出了“普通人在开展自己的工作时并没有心怀恶意，但是他们却可能成为可怕的极具破坏性的帮凶”的结论。

虽然米尔格拉姆的相关实验结果现在已经广为人知了，但是大多数人还是会声称如果他们处于那种环境之下，是不会顺从研究人员指挥的。社会心理学家艾略特·阿朗逊（Elliot Aronson）每年都会问新生们一个问题，即如果他们身处米尔格拉姆实验场景下，是否会愿意去折磨他人。每一次，99% 的学生都会回答“不会”。然而，正如我们前面已经阐述过的那样，事实与此正好相反。

虽然这些并不能帮助大卫·杰瑞德洗脱罪名，但是却说明了他的行为并没有任何与众不同之处。我们倾向于认为自己对情境压力具有免疫力，但是事实上，在特定的环境之下，绝大多数人都会被引诱做出可怕的事情。

利兹该如何选择？

（见本书第 62—63 页）

很有可能你会认为以相对回报率（例如个人魅力和智商）来考虑爱情是一件极为荒谬的事情。

然而，从回报和成本的角度来部署爱情战略通常是一种极富成效的做法。这里的关键问题是人们通常都会更中意那些能够以最小的代价换取最大回报的人。这就解释了为什么相较于表现一般者而言，我们更喜欢那些表现出众者；此外，我们更偏向于那些与自己有着相同观点的人。

匹配假设

研究人员认为人们一般会被与自己有相似条件的异性所吸引，各方面较为匹配的两性之间更容易建立一种长期稳定的关系。理由是在对于两性关系的所得和成本问题上，我们都希望能够寻求到某种平等，而外在的个人魅力则被视为是一种所得。因此，我们一般都愿意和能够给出相当于我们所给予的付出的回报的人在一起。

一项证据能够证明这一“匹配假设”，而且此证据极具说服力。研究表明，相较于那些漫无目的等待机会的人而言，关系稳定的情侣们通常在外貌上都更为相似。伯纳德·莫思坦（Bernard Murstein）曾经对 99 对关系稳定的伴侣展开过调查，结果发现他们在外表上的差异度远远低于那些关系不稳定的情侣。

但是，我们不能够以过于简单化的态度来看待两性之间有关于喜欢和爱的市场交换。我们都喜欢那种能够帮助自己以最小代价带来最大回报的人，这一点毋庸置疑。但是，正如艾略特·阿伦森（Elliot Aronson）在他的经典之作《社会性动物》（*The Social Animal*）中所指出的那样：所谓回报，在具体情况之下很难判断。因此，阿伦森提到，虽然我们都喜欢被赞美，也倾向于喜欢那些赞美我们的人，但是如果赞美之词太过虚情假意，无根无据，或者是出自某种自私自利的目的，那么估计也不会有人喜欢。

不管怎样，从心理学的角度而言，喜欢与爱并不存在棘手、难以驾驭的神秘之处，一旦我们愿意与某人建立关系，那必定是因为发现他（她）有值得自己倾心付出之处。不可否认，上述问题在具体细节方面存在着一定的复杂性，但是基本原则却非常直观简单。

这些都不能够说明利兹·班奈特应当选择威廉作为自己的伴侣，从而结束单身生活。但是，她能够认识到两性关系存在着一种交换维度，这是正确的。如果她选择查理，然后发现他的个人魅力远远高于自己，那么很多经验证明这种关系发展下去获得稳定成功的可能性很小。只有双方条件相当匹配的人之间才存在更大的建立稳定关系的可能性。

应当相信床底下存在魔鬼吗？

（见本书第 66—67 页）

这里我们所要讨论的问题是如果存在着可以证明某种信念的经历，那么是否便可以单纯地基于这种经历来断言该种信念是正确的？这听起来可能有些不合常理，因为我们都知道人经常会被自己的经历所蒙蔽。例如，我们知道人有时候会出现一些幻觉，而通常身历其境之时他们并不能够找出幻觉和真实之间所存在的不同之处。

相信你所见到的

这一思维实验所面临的挑战在于即使我们心里清楚自己的经历很有可能会对所做出的判断造成误导，但是我们还是基于经历来判断其正确与否。不妨设想一下，假如你身处鲍里斯的境地，并且有人告诉你说逃开是疯狂臆想的举动，那么你会有何种反应？很有可能你并不会因此便认为魔鬼是假的，自己不应该做出任何无谓的举动。有关魔鬼的经历是那样真实，不采取措施很有可能会存在极大风险，魔鬼可是正站在你的面前准备攻击你呢，并且我们并不能在逻辑上排除魔鬼存在的可能性。因此，即使你意识到自己所经历的可能只是一场幻觉，也会选择相信它是真实的。此外，事后冷静反思的时候，你可能也不会认为自己当时的反应不合常理。

于是，这里所要探讨的是如果一种信念并不被逻辑所排斥，并且它涉及最大和直接的个人利益，那么单纯地基于自身的真实（似乎是千真万确的）经历来相信该种信念无可厚非。

信仰问题

如果这种观点是正确的，那么有趣的是它可以用于证明某些种类的宗教信仰。很多拥有宗教信仰的人声称自己的神圣体验是真实的，并且认为对于这种体验真实性的信念至为重要。

第二种观点其实不难理解，设想一下一位母亲失去了自己的孩子极其渴望能够在来世与她重逢的情景；或者可以设想一下一位第一次世界大战中的战士，他收到通知明天一早又要再次踏进战壕，因此正在竭力与自己想要逃跑的冲动做着斗争；还可以想象一位对自己的信仰持怀疑态度的信徒，他正在经历着某种看起来十分神圣的体验，但是他感觉非常焦虑不安，因为如果这种体验是真的，那么一旦他不接受，很有可能将失去所有的一切。

当然，这里存在一些矛盾之处。尤其是人们可以无休止地争论“合理的”到底是什么意思。即使一些人认为鲍里斯不应该相信魔鬼的存在，但是如果他选择相信魔鬼真实存在也无可厚非，这甚至也可以被用作人们相信宗教信仰的各种各样的理由之一。

何时信仰不再成为信仰？

（见本书第 68—69 页）

这里要说的第一件事是对于这些问题而言，并不存在所谓的正确答案。在某种程度上，这是因为我们都不确定人是否真的能够过着永远幸福的生活。事实上，人们普遍认为永生不死是个噩梦。这里可能存在的一个答案是永生是一种变革性的体验，因此人们有理由相信两个人可以永远幸福地生活在一起。但是，这一答案又引发了一系列与个人身份本质相关的不同问题。特别值得一提的是，我们无法确定获得永生的人是否能够忍受永生不死的生活，他们也有可能会因此而发疯。

永生

无论如何，大卫和尼可拉的故事以及他们可能获得的永无止境的爱情还是让人觉得很有意思，因为人们一般都会宣称相信永生，并且认为与所爱的人永远生活在一起是一件幸福的事情。但是，宣称相信某事与实际相信某事存在着差异。因此这里有一个具有相关性的问题，那便是我们是否应当按照字面意思来判断这一信仰。换句话说，当人们说他们相信永生不死时，我们是否应该相信。大卫和尼可拉的故事便是为了阐明上述问题。

就本文所讨论的事项而言，存在着诸多不同的观点。首先，如果大卫和尼可拉真心地相信他们可以选择永远幸福地生活在一起，并且这是他们所希望的，那么人们便有理由相信他们会做出这一选择，即使这意味着两人在接下来的 20 年中将忍受分离的痛苦。毕竟，相较于永远的幸福而言，20 年只不过是一个小小的代价。今后当两人享受永远的相守时光时，他们会发现当初天使所提出的暂时分离不过是一个微不足道的小插曲而已。

大卫和尼可拉日后必将重逢，这多少能够冲淡他们为了换得永生而不得不经受的分离之苦，一般人都会这么认为。当然，不可否认的是，20 年说长不长，说短也不短。从这个意义上来讲，二人必将相互思念、忍受离别之苦。但是即使是这样，我们所讨论的并不是二人从此之后不能再见面的情形，也不是二人重逢后经历日常生活中的沧桑悲欢，我们所讨论的是二人重逢之后获得了永恒的幸福，过上了梦寐以求的生活。因此，无论如何，人们都会认为在那 20 年中，虽然大卫和尼可拉会经历离愁别恨，但是却绝对不会陷入绝望的境地。

来生

下面我们要讨论最后一个相关的问题。有些人相信人有来世，在来世，大家都能够与自己所爱的人幸福地生活在一起。这在对待自己必死的命运和对待所爱之人必死的命运的态度上与大卫和尼可拉的情形非常类似。很多人因为自己的配偶或孩子去世而悲痛万分，但是他们自己却希望能够继续生存下去，就像这一世是仅有的一世一样；他们并不期望死去，即使他们声称相信死后会过上更好的生活。

一个普遍的观点认为“散兵坑里没有无神论者”，当人们面临巨大的危险或恐惧时，即使是无信仰者也会向某种超自然的力量寻求安慰。然而，就像哲学家朱立安·巴吉尼所指出的那样，葬礼上没有有神论者。大多数人在面对所爱之人离世这一事实时，其悲痛之情并不能够因为其相信来世将与所爱之人永远生活在一起而死亡只是暂时分离而减少几分。

我们是“缸中之脑”吗？

（见本书第70页）

由于电影《黑客帝国》之中出现过类似情节，因此“缸中之脑”这一假想实验广为人知。该实验是被设计用于挑战人类能否真正认识世界这一命题。如果一个大脑无法知道自己是在颅中还是缸中，那么世间的一切都是虚假的、虚妄的，只是我们“不识庐山真面目，只缘身在此山中”而已。

《第一哲学沉思录》

在其著作《第一哲学沉思录》中，哲学家勒奈·笛卡尔让读者去想象以下描述的一个邪恶的魔鬼，他：

> ……全力欺骗我；我怀疑苍天、大地、色彩、人物、声音以及所有其他外在的东西均是梦幻泡影，都是这个恶魔设置陷阱想要让我轻信他所安排的一切。有可能我自己并没有手、没有眼睛、没有肉体、没有血液，也没有判断理解能力，以往我所确知的一切可能都是虚幻的。

对于这种形式的怀疑观点，我们无法说其存在是不合理的，并且时至今日仍然困扰着那些想要获得确切知识的人们。笛卡尔的解决之道便是努力证明有一个仁慈的上帝存在，但是这并不足以令人相信。

这里一种可能的观点是：虽然我们无法排除自己是缸中之脑的可能性，但是并没有证据可用于支持我们是缸中之脑的论点。通常情况下，我们并不将某事物纯粹逻辑的可能性当作支持其真实性的有力理由。

因此，举例来说，我们之中很少会有人仅仅因为逻辑上的可能性而真的相信在亚马逊的某处遥远偏僻之地生活着一群快乐的、有知觉的花园侏儒。

然而，与这一答案相伴而来的问题是我们已然知道如果自己生活在一个真实存在的世界中，那么也无法获得相关的证据。在这种情况下，证据的缺乏并没有什么认识论上的意义；换句话说，没有证据表明我们生活在一种真实存在的实境之中这一事实并不能够使我们了解更多。

世界之中的世界？

或许，解决这一难题最行之有效的途径便是对一种观点进行攻击，这种观点是：如果我们在真实世界中的信仰不能与外界相适应，那么它们就一定是虚假的。例如，哲学家希拉里·普特南（Hilary Putnam）曾经说过，大致上来讲，人们在一个真实世界中所使用的语言与那个世界的构成元素有关，而不是与该真实世界之外的任何其他元素相关。因此，我现在是不是正在文字处理器上输入文字取决于我所身处的这个世界的具体状况，取决于这是一个真实的世界还是一个模拟真实世界的虚假世界。

这一争论表明雨果并不需要太过担心俄耳浦斯所言是否属实。真实的世界就是个人所存在的那个世界。当然，如果有人无意中关掉了为他制造经历的计算机，那么他很有可能需要重新审视自己对于真实世界的看法了。

人类的大脑能够真正认识世界吗？

（见本书 72—73 页）

人类大脑的自然主义起源与我们的认知能力适合于获取可靠的知识这两者之间所存在的矛盾并非一朝一夕。有时候，人们发现达尔文自己在这方面也心存疑问：

> ……我总有一种可怕的怀疑，由低等动物头脑进化而来的人类头脑中所存有的信念是否真的具有任何价值或值得信任。如果一只猴子大脑中存在任何信念的话，那么是否还有人认为那是值得相信的呢？

类似的，C·S·刘易斯曾经说：“……我们称之为‘理智’的人类思想的整个过程如果是不合理的原因的结果，那么它是……毫无价值的。”

关于这一切，或许有一点首先需要加以说明：有充分的证据证明人脑有时候以一种将我们引入歧途的方式来架构经验。心理学家以及其他人已经证实了人类存在着许多视觉幻象，这一事实可以很好地被用于证明上述论点。然而，就像迈克尔·鲁斯曾经指出的那样，当人类被大脑所欺骗时，他们（通常）能够意识到自己受骗，并且经常能从进化论的角度出发来解释，这表明我们的大脑处于正常工作状态。

识别欺骗

不幸的是，这一回答并未能消除人们持怀疑态度的挑战。我们所面临的问题是：为了讨论“识别”欺骗的能力以及提供相关“进化论角度的解释”的能力，有必要预先假定那些被否定的内容，也就是说，大脑能够生成有关这个世界的准确知识。

有人倾向于认为一个由自然选择进化而来的有机实体不太可能获取有关于这个世界的知识；或者有人倾向于相信我们所认为的真正信念实际上只是为了维持生存而虚构的谎言。但是除非有确凿的证据，否则单凭与“人脑是一个认识世界的可靠机制”这一假设相关的理论和证据不足以说服众人。

以实玛利效应

虽然对于这类观点，我们很难逃避持怀疑态度的暗示，但是存在一些耐人寻味的元素。具体地说，这似乎涉及哲学家大卫·斯托福所提到过的“以实玛利效应”。“以实玛利效应”是指有时候一些哲学观点将自己排除在外。就这一点来说，由三只熊所提出的观点依赖于有关进化、基因、自然选择等相关方面的特定经验。这样说来，人类似乎有可能将正确真实的信念与错误虚假的信念区别开来。哲学家西蒙·布莱克本恩曾经说过：“相对主义者或持怀疑态度的传统在某种程度上具有自我破坏性，这一观点很难消除。”在此情况下，我们完全可以说布莱克本恩所言非虚。

脑筋急转弯答案

第一章

1. 他会选择第三件房间，因为已经三年没有进食的狮子不可能还存活在世上。

2. 她们一共有三个人：一位祖母、一位母亲以及一位女儿。

3. 昨天、今天以及明天。

4. 选择 c）VOLGE。如果你将字母进行重新排列，就会发现 HEAD 对应的是 HAT，HAND 对应的是……这样你便可以推导出 GLOVE。VOLGE 是 GLOVE 的回文构词。

第二章

5. 爱丽丝是个盲人，正在阅读一本盲文书。

6. 你最新的工资是每周 268 英镑。250 英镑的 4% 是 10 英镑，然后你又额外获得了 8 英镑，因此总共增加了 18 英镑。所以，你的新工资是 250 英镑 +18 英镑 =268 英镑。

第三章

7. 杰克是一条金鱼，而吉尔是一只家猫。

8. 48 英里每小时。你可以按照以下方法来得出这个结果。下午 6:20 至 10:05 之间一共有 225 分钟。如果你用 225 分钟除以 180 英里，那么将得到汽车平均每分钟行驶的英里数（0.8 英里每分钟）。如果你再用 60 乘以这一结果，便会得到汽车平均每小时所行驶的英里数，即 0.8×60=48 英里／每小时。

第四章

9. 这一论证是无效论证。我们来看看一个等效论证：所有的昆虫都终将一死。女人也会终将一死。因此女人是昆虫。很明显这个论证不成立，因为昆虫并非是世界上唯一终将一死的生物。

10. 这些直线长度相同，虽然位于下方的那条直线看起来似乎更长一些。

11. 所选的人之中没有人会有未经登记的电话号码，因为这些人是从电话簿上选择出来的。

12. 她将会是 48 岁。玛丽的弟弟现在年龄为 8 岁（因为 4×8=32）。16 年之后，玛丽将会是 48 岁，而她的弟弟将会是 24 岁。

第五章

13. 同时带两位朋友去电影院更便宜，因为这样一来你只需要给自己买一次票就可以了。

14. 两人分别位于河的两边，因此他们可以分别乘船过河。